山东社会科学院出版资助项目和山东社会科学院智库建设深化研究项目"山东服务和融入新发展格局的路径研究"共同资助

农业高质量发展水平
测度与路径选择

于婷 著

The Measurement and Path Selection
of the High-quality Development Level
of Agricultural Economy

中国社会科学出版社

图书在版编目（CIP）数据

农业高质量发展水平测度与路径选择/于婷著.—北京：
中国社会科学出版社，2023.1
ISBN 978-7-5227-1375-5

Ⅰ.①农… Ⅱ.①于… Ⅲ.①农业发展—研究—中国
Ⅳ.①F323

中国国家版本馆 CIP 数据核字（2023）第 026572 号

出　版　人	赵剑英
责任编辑	刘晓红
责任校对	周晓东
责任印制	戴　宽

出　　版	中国社会科学出版社
社　　址	北京鼓楼西大街甲 158 号
邮　　编	100720
网　　址	http://www.csspw.cn
发　行　部	010-84083685
门　市　部	010-84029450
经　　销	新华书店及其他书店

印　　刷	北京君升印刷有限公司
装　　订	廊坊市广阳区广增装订厂
版　　次	2023 年 1 月第 1 版
印　　次	2023 年 1 月第 1 次印刷

开　　本	710×1000　1/16
印　　张	11.75
插　　页	2
字　　数	165 千字
定　　价	65.00 元

摘　要

　　实现农业高质量发展是全面落实乡村振兴战略的必要步骤。随着我国经济发展进入新常态，农产品有效供给不足，需求结构日益升级，人民日益增长的对安全优质农产品的需要与优质农产品供给不充分之间的矛盾日益凸显，农业经济发展进入了从传统农业向现代农业转型的一个关键历史时期。当前，我国农业经济发展过程中所产生的人均资源消耗和环境污染远超发达国家，同时受国际农产品市场波动的深刻影响，国内外粮价严重倒挂、粮食市场持续低迷，我国粮食生产竞争力不断下降。"十四五"时期，面对日益复杂的国内外风险挑战，迫切需要统筹农业经济发展和安全两个基本面，夯实稳住农业基本盘。农业高质量发展对于当前全面落实乡村振兴战略、推进农业农村现代化发展具有重要意义。

　　本书对农业高质量发展的基本内涵进行了界定。认为农业高质量发展是以新发展理念为指导的、以满足人民日益增长的美好生活需要为根本目标，提高农业创新效率，优化农业经济结构协调性、实现农业经济绿色发展、高水平对外开放和共享发展成果的动态过程。首先，对农业高质量发展的基本理论脉络进行了梳理。构建了农业高质量发展的理论分析框架和数理模型，认为农业高质量发展问题的本质是资源环境约束下农业经济发展净收益最大化问题，并进一步对农业高质量发展的理论维度和基本假设进行了说明。其次，基于描述统计分析对我国改革开放以来农业经济发展的历史脉络和变迁历程进行了梳理，说明农业高质量发展当前存在的问题和挑战。同时，构建了农业高质量发展综合评价指标体系，基于 TOP-

SIS 熵权法确定权重测度了 1978—2019 年全国的农业高质量发展水平和 1998—2019 年省级层面的农业高质量发展水平，并分析了其时空变化特征和区域异质性。最后，测度了农业高质量发展各维度耦合协调关系，并基于障碍度模型进一步考察了农业高质量发展各子维度和基础要素指标对农业高质量发展的障碍度，从而找出了农业高质量发展的关键性制约因素。

研究结果表明：1978—2019 年，我国农业高质量发展水平总体呈稳定增长的趋势。农业高质量发展的 5 个维度对农业高质量发展具有明显不同的贡献程度，且具有阶段性特征。当前农业高质量发展水平的提升主要依赖于农业经济共享和农业经济创新维度指数的平稳上升，农业经济协调和开放维度的贡献总体变动幅度较小，农业经济绿色维度贡献度呈下行态势。省份农业高质量发展综合评价结果显示，四大区域之间和内部，以及各省份之间农业高质量发展指数和细分维度指数均值存在较大差异，每个省份的优势和"短板"不尽相同，针对不同类型省份农业高质量发展提出了有针对性的发展战略。

耦合协调度测度结果显示，1978—2019 年我国农业高质量发展各维度呈现"低水平耦合—虚假耦合—协同耦合"的耦合态势。东部和中部地区农业高质量发展处于虚假耦合状态，西部和东北地区处于低水平耦合状态。各省份农业高质量发展耦合关系存在差异性。障碍度因子诊断结果显示，当前农业高质量发展的主要障碍维度从农业经济共享维度变为了农业经济绿色维度，应分析影响农业绿色发展变化的各项基础因素，推进农业绿色可持续发展，进而促进农业高质量发展。各维度的基础指标对农业高质量发展障碍度的分析结果显示，不同时间段和不同区域农业高质量发展的关键性障碍因素有所变化。当前，农业高质量发展的关键性障碍因素是化肥使用强度、农药使用强度、农村居民人均可支配收入、城乡居民消费收入占比和农业全要素生产率。

基于以上研究分析，为进一步促进农业高质量发展，本书从促进农业绿色发展、增加农村居民可支配收入、降低城乡二元结构刚性、促进农业产业结构优化调整、提高农业全要素生产率等方面提出了对策建议。

关键词：农业高质量发展；创新；协调；绿色；开放；共享

目　录

第一章

导　论

第一节　主要概念界定

高质量发展是 2017 年中国共产党第十九次全国代表大会首次提出的新表述。高质量发展是新时代背景下，以习近平为核心的党中央对我国未来发展趋势、发展模式、发展方式、发展目标做出的深刻判断，体现着深刻的理论意蕴。高质量发展作为一个具有中国特色的新兴概念，国内外学术界直接讨论的相关研究文献寥寥。虽然直接论述经济高质量发展的文献研究较少，但对与高质量发展概念类似或相近的概念，如经济增长质量、经济可持续发展等概念的研究日益丰富。本书遵循"经济增长数量和质量—经济高质量发展—农业高质量发展—其他相关概念"的逻辑思路，对农业高质量发展的相关概念及之间的关系进行梳理和说明。

一　经济增长质量与经济发展质量

经济增长数量是一种对经济发展客观事实判断，而经济发展质量属于一种具有规范性的价值判断。近代以来，对于经济增长数量或速度的研究和讨论是经济学研究的主流，但也有部分经济学家在关注经济增长速度的同时，关注到了经济增长结果公平分配的重要性。如古典经济学家约翰·穆勒强调了经济增长到一定水平后，政策制定者应更加关注经济产出的公平分配问题。① 20 世纪 70 年代，苏联以重工业发展为中心的经济发展方式引致了一系列的经济、社会和生态的负面问题。卡马耶夫在其著作《经济增长的速度和质量》中对经济增长的概念进行了重新诠释，他认为"经济增长是物质生产资源变化过程的总和，以及由此而增加了的产品数量和提高了的产品质量，以及生产资料效率的提高和消费品消费效果的增长"。20 世纪七八十年代，匈牙利经济学家雅诺什·科尔奈在其不同著作，如《突进与和谐的增长》（1971）、《短缺经济学》（1980）和《增长、短缺与效率》（1982）等作品中，阐述了"只有和谐的增长才是健康的增长"的协调发展思想，从经济增长的突进和和谐视角研究了经济增长质量。② 2001 年世界银行发布的报告《增长的质量》一书中，托马斯等认为，经济增长的质量应该包含分配的机会、环境可持续性的全球风险管理和治理机构等因素，可以作为经济增长数量的补充，共同成为经济增长过程的关键内容。③ 多恩布什·费希尔在其著作《宏观经济学》中重新定义了经济增长的内涵，侧重于将经济增长的内涵表述为资源要素积累、利用改进或效率增加的结果。

---

① ［英］约翰·穆勒（John Stuart Mill）在其著作《政治经济学原理》中指出："当总产量达到一定水平后，立法者和慈善家就无需那么关注产量的增加与否，此时最为重要的事情是，分享总产量的人数相对来说应该有所增加，如果人们不能从人口或者其他东西的增长中得到任何好处的话，则这种增长没有任何意义。"

② ［匈］雅诺什·科尔奈：《突进与和谐的增长》，张晓光译，经济科学出版社 1988 年版，第 3—12 页。雅诺什·科尔奈指出，突进与和谐是相互对立的一种经济增长模式，它以牺牲、延期和忽视为代价，达到强制增长的目的。与突进相比，和谐增长强调促使经济在平衡和协调中发展，和谐是经济增长的一种可能能够具有的特征，它是增长的各个局部过程之间的一种能动的相互关系。和谐致力于将经济增长的内部要求与人类社会的消费需要联系在一起。

③ 维诺德·托马斯等指出，发达国家和发展中国家的经济政策制定者往往把 GDP 的增长速度作为进步的标准。但很多有力的例子证明，一定的增长率和增长速度可以对贫穷、福利、教育进步和环境保护等方面产生极其不同的影响，表明经济增长这一数量指标不能反映经济发展质量。《经济增长质量》得出的结论是，水平相近的经济增长率却对人民福利带来截然不同的结果，过去的经济政策往往偏重于考虑增加实物资本的投资规模，这只能是构成高质量增长的众多重要因素中的一项。同样重要的还包括对人力资本和社会资本的投资以及对自然资源和环境资本的投资。

国内学者也对经济增长质量有所研究，如文兼武、余芳东（1998）从经济结构、生产效率、科技水平和可持续发展等方面比较了国内外经济增长质量的差异。肖红叶、李腊生（1998）则对我国经济增长质量的稳定性、协调性、持续性和增长潜能四个层面的特征进行了实证研究。但是，也有部分学者认为，经济发展质量的外延性要远远大于经济增长质量的外延性，经济发展质量要将经济增长质量囊括在内。罗伯特·巴罗（2004）从现代经济增长理论视角阐述了经济发展质量的概念。他认为，经济增长质量理解为与经济增长速度的社会、政治及文化宗教方面的因素。李文友（2008）指出，经济发展质量应包括总量的扩张和结构的优化，反映在经济扩张的速度、效率以及经济社会结构协调性上。总体来讲，大多数学者均认同经济发展质量是一个多维度的经济范畴。

虽然不同产业经济增长质量的变动是非同步的，不能用整体经济增长质量来判断农业经济增长质量的变动（陈凯，2014）。但农业作为国民经济的重要产业部门，对农业经济增长质量内涵的理解还是可以部分借鉴经济增长质量的思想的。如现有关于经济增长质量的研究均强调，不能单一注重经济的数量增长或者速度加快，还应该关注经济增长的过程和结果的优劣，农业经济增长也不能将农业产值的增加作为唯一的衡量指标，应同时关注农业经济增长过程的优劣和农业经济增长所造成的经济、社会和生态环境影响。

二 高质量发展

当前关于高质量发展概念的既有文献研究大体可归为两类：第一类是以新发展理念和解决社会主要矛盾为切入点，例如胡鞍钢等（2019）认为，推进高质量发展是一个系统工程，应当加强顶层设计，以人民的核心利益为重，贯穿全面建设社会主义现代化过程的始终。王蕴等（2019）认为，高质量发展是以高效率、高效益的生产方式为全社会持续而公平地提供高质量产品和服务的经济发展模式，核心内涵是供给体系质量高、投入产出效率高和发展稳定性高。任保平、文丰安（2019）认为，高质量发展是以新发展理念为指导的经济发展质量状态：创新是第一动力，协调是内生的特点，绿色是普遍的形态，开放是必由之路，共享是根本的目标。宋国恺（2018）从社会学角度对高质量发展的概念进行了解析，认为从社会学角度讲，高质量发展是理论上形成高质量的社会结构，推动高质量的社会变迁。实践中推动高质量社会建设，实现社会现代化。田秋生（2018）认为，高质量发展是一种发展理念、方式和战略，是以质量为价值取向，核心目标是发展，追求最大福利效应、更有效率、更高水平和更加协调健康可持续的发展。刘尚希、樊铁侠（2019）认为，高质量发展是经济发展质量不断优化的状态。从理论上看，高质量发展是以创新、协调、绿色、开放、共享这五大发展理念为指引的经济发展质量状态。吴金明（2018）基于马克思的劳动价值论构建了"二元五维分析模型"论证认为，高质量发展是基于新理念、新动力、新动能和软价值、软资源、软制造主导发展的路径和模式的总称，并总结了经济高质量发展阶段的 11 个特征。周振华（2018）从高质量发展主要针对的问题出发，解析高质量发展的内涵，认为高质量发展是在新的发展理念指导下，通过社会再生产过程中的创新性生产、高效性流通、公平公正分配、成熟消费之间的高度协同，不断提高全要素生产率，实现经济内生性、生态性和可持续的有机发展。王立志（2019）根据 ISO 9000：2015 关于"质量是客体的一组固有特性满足需求的程度"这一质量本质定义，认为高质量发展的本质内涵是经济发展满足社会各方基本需求和美好生活需要的发展。上述学者对于高质量发展的定义虽因侧重点不同而有所差异，但均认可高质量发展以满足人民日益增长的美好生活需要为根本目标，以五大新发展理念为导向。

第二类是将高质量发展细分到专业领域。Chertow（2000）对工业部门的可持续高质量发展的理想模式进行了探讨，认为生态工业园是一种按照生态循环和绿色清洁生产理念设计的理想的新型组织形式。Ko（2014）考察了生态工业园建设对园区内环境质量和经济效率的积极影响，认为绿色产业集聚对于城市绿色转型与高质量发展至关重要。施本植等（2019）和简佩茹（2019）分别探讨了企业杠杆率、社会资本要素对促进企业高质量发展的重要作用。

综合上述学者的研究，高质量发展的内涵应是以新发展理念为指引，以满足人民日益增长的美好生活的需要为目的，提高经济效率、优化经济结构、绿色可持续发展、实现高水平对外开放和成果共享的动态发展过程。体现了新发展理念的高效率、公平和绿色可持续。衡量经济高质量发展的标准应包括经济发展的创新性、协调性、可持续发展性、开放度和共享性等方面，提高经济发展质量，最基本的要求是实现经济、社会和生态环境全面协调可持续的发展。

三 农业高质量发展

马克思曾指出，农业是国民经济的基础。农业劳动不只是农业范围内的剩余价值的自然基础，并且是其他一切劳动部门所以能够独立化的自然基础。在古代，农业几乎是唯一的生产部门。在当代，农业经济学界多数学者认为，农业既包括农业生产的各个部门，也包括为农业生产服务的生产前、生产后等产业部门。在中国，狭义的农业仅指种植业，广义的农业包括农林牧渔业及家庭副业等，本书所涉及的农业是指广义的农业。农业从产生到现在，有近万年的发展历史，按照生产力状况，可区分为原始农业、传统农业、现代农业。郭剑雄（2014）根据农业经济发展的现实判断，认为传统农业和现代农业之间应有一个工业化农业的时期。按照生产方式状况，可分为粗放农业和集约农业，按照经营方式分，可分为单一经营、多种经营、农业专业化经营、农工商综合经营等多种经营方式。现代农业又延伸出多种形式的农业发展模式，如绿色农业、生态农业、休闲农业、都市农业等多种形式。

农业高质量发展是一个全新概念，相关研究文章还较少。农业高质量发展与农业现代化二者既有区别，但某些方面又有较为紧密的联系。在农业高质量发展的内涵方面，潘建成（2018）认为，农业高质量发展首先要确保国内粮食安全。钟钰（2018）认为，我国农业已经从重视数量发展到关注质量阶段，应关注农业生产体系、产业体系和经营体系的质量和效益。韩长赋（2018）主要从加快推进产业转型升级的角度定义农业高质量发展的内涵。关于农业高质量发展的宏观研究方面，丁声俊（2018）认为，农业粮食高质量发展要贯彻落实"五大发展理念"，坚持质量兴农、绿色发展的必然主题，深化供给侧结构性改革，遵循创新驱动战略的基本路径，建立和强化农业粮食创新的政策保障体系。张春玲（2019）认为，农业的高质量发展要兼顾农业经济发展带来的经济效益和环境影响，经济效益和环境保护都应该达到高质量。Liao 和 Brown（2018）认为，应将改善小农户的社会福利作为农业可持续发展的明确目标。

总结以上学者关于农业高质量发展内涵的论述，本书认为农业高质量发展是以新发展理念为指导的、以满足人民日益增长的美好生活需要为根本目标，提高农业创新效率，促进农业经济结构协调、实现农业经济绿色发展、高水平对外开放和共享发展成果的动态过程。农业高质量发展在注重农业经济产出数量的同时，更注重农业经济增长过程的优劣程度和农业经济发展结果影响的好坏程度。衡量农业高质量发展水平的标准应该包含农业经济发展的创新性、协调性、持续性、开放性和共享性等方面。农业高质量发展基本涵盖农业经济发展的三方面，即农业经济发展的数量、质量和效益三方面。首先，农业高质量发展要以确保粮食供给安全为首要任务和基本要义，只有保障农业生产一定的产出规模才能够保证中国的粮食安全，即农业粮食供给要与粮食产出需求相适应；其次，在保证粮食产出规模的基础上，要以五大新发展理念"创新、协调、绿色、开放、共享"为指导，在农业生产过程中转变农业发展方式，遵循创新驱动战略的基本路径，保障农业经济发展过程的高质量；最后，农业经济发展的最终目的是实现农业发展的经济效益、社会效益和生态环境效益的统一。

第二节　研究背景与意义

一　研究背景

经济增长和经济发展一直是经济学界关注的核心和热点问题。经济增长理论从古典经济学增长理论发展到当前的内生经济增长理论，一直将研究重点放在了经济增长的动力来源和路径机制分析上。亚当·斯密、大卫·李嘉图、托马斯·马尔萨斯等古典经济学家将经济增长的动力归因于劳动分工、资本积累和贸易交换，现代经济增长理论中罗默、卢卡斯将经济增长的动力归因于技术、知识等因素。经济增长理论着重于通过要素分析来阐释一定时期内国民收入水平或人均国民收入水平的决定问题，将研究重点集中于国民经济产出的决定上，即经济增长的来源问题，并有大量实证研究对经济增长理论进行了论证和检验。

中国农业经济发展的思路也深受传统经济增长理论的影响，注重对农业产出影响因素的研究，并在 20 世纪延伸出一种工业化主导农业的发展模式，强调农业对工业化的资源要素供给、资本积累和产品市场的作用。将关注重点放在了农业经济增长的数量上，忽视了农业经济增长的质量研究。片面追求农业经济增长的数量，带来了供求结构失衡、城乡收入差距拉大、资源短缺和农业面源污染等一系列状况，引发了对于农业经济发展不可持续性的探讨。20 世纪 70 年代，一些经济学家开始反思当前经济增长模式的意义，否定了以资源浪费、污染环境为代价的经济发展观。可持续发展观和相关理论一经提出就受到了广泛关注和普遍接受。学术界和政策实践者开始在可持续发展理论的指导下，在对传统经济增长方式反思的基础上开展对经济发展质量的研究，供求结构优化、经济运行稳定性、资源环境代价和经济发展可持续性等经济发展质量问题成为当前学术界研究的主要课题。

中华人民共和国成立之后，为缓解人口激增带来的粮食短缺问题，并为大规模工业化积累资本和廉价劳动力，中国政府开始推行以应用化学技术和生物技术为特征的石油农业发展模式。随着 1978 年开始推行的改革开放政策所创造的"制度红利"，石油农业发展模式得以快速推广和应用，迅速成为 20 世纪 80 年代以来我国广泛采用的农业发展模式。不可否认的是，这一模式极大地提高了当时的农业产出水平，据国家统计局发布的《新中国成立 70 周年经济社会发展成就报告》显示，70 年来全国粮食总产量增长 4.8 倍。[①] 但值得注意的是，石油农业发展模式带来产出增长的同时，也带来了资源短缺、环境污染、土壤肥力下降、农产品质量安全隐患等问题。据《第一次全国污染源普查公报（2010）》显示，农业面源污染已成为环境的第一大污染源。当前，我国土壤有机质含量不足，存在日益严重的土壤板结和重金属污染，极大地影响了农业可持续发展，追溯其根源在于对化肥、农药的过度依赖。另外，随着粮食供给不足问题的解决，当前人民对于农业生产的需求不仅在于粮食的供给，农业经济发展进入了一个从传统农业向农业现代化结构调整转型的历史时期：农业的多功能性日益凸显，由单纯的粮食安全保障向原材料供给、生态环境保护、观光休闲、传统特色文化传承等功能拓展；城乡居民对农产品质量和多元化、个性化农产品的需求也日益增长，需求结构日益升级，人民日益增长的对安全优质农产品的需要与当前农产品供给质量不平衡、发展不充分之间的矛盾日益突出；农业发展面临着越来越严峻的资源约束（耕地、淡水、气候变化等），而国际农产品市场的波动对国内农产品供给格局和贸易机制的影响也日益深刻，国内外粮价严重倒挂、粮食市场持续低迷，国内粮食生产遭遇困局，购销严重依赖托市，收进来的粮食

---

① 国家统计局发布的新中国成立 70 周年经济社会发展成就报告显示，2018 年全国粮食总产量为 13158 亿斤，比 1949 年增长 4.8 倍，年均增长 2.6%。2018 年全国棉花、油料、糖料产量分别为 610 万吨、3433 万吨、11937 万吨，分别比 1949 年增长了 12.7 倍、12.4 倍和 41.1 倍。

只能进不能出,库存高企,农民收益也出现较大幅度的下降,我国粮食生产的竞争力不断下降。

党的十八大和十八届三中、四中全会强调要"坚持以提高经济发展质量和效益为中心,主动适应经济发展新常态,把转方式、调结构放在更加重要的位置"。2014年中央经济工作会议指出,我国经济当前已处于向形态更高级、分工更复杂、结构更合理阶段的演化,经济发展进入新常态,经济增长持续下行,经济发展的目标也从单一追求规模和速度,转向经济发展数量、质量和效益并重,经济结构进入从增量扩能为主向调整存量、做优增量并存的深度调整,经济发展动力从依靠劳动力、资本向依靠技术和制度创新转换。① 经过长期努力,中国特色社会主义进入了新时代,这是我国发展新的历史方位。当前,我国社会主要矛盾发生了深刻变化,我国的发展从以往的"如何更快发展"转变为"如何更好发展"。党的十九大报告提出,"我国经济已由高速增长阶段转向高质量发展阶段,正处在转变发展方式、优化经济结构、转换增长动力的攻关期,建设现代化经济体系是跨越关口的迫切要求和我国发展的战略目标"。② 2018年政府工作报告也再次重申了高质量发展的重要意义,并对此后一个阶段经济高质量发展的总体布局和战略布局进行了具体的部署和妥善安排。

农业部门作为我国经济发展的重要支撑,农业的持续健康发展一直备受政策制定者和社会实践者的瞩目。从2004年起,已有18个中央一号文件均重点关注农业农村农民经济社会发展问题。2017年中央农村工作会议对农业高质量发展提出了具体要求,重在提升农产品质量。随后召开的全国农业工作会议进而提出了下一阶段农业经济发展的重要工作思路,重质量、绿色和公共品牌,并将2018

---

① 本报评论员:《中央经济工作会议精神:主动适应经济发展新常态主动适应经济发展新常态》,《人民日报》2014年12月14日。

② 习近平:《决胜全面建成小康社会 夺取新时代中国特色社会主义伟大胜利——在中国共产党第十九次全国代表大会上的报告》,人民网,2017年10月28日。

年确定为"农业质量年"。2020 年中央农村经济工作会议将国内农业高质量发展视为打赢脱贫攻坚战和全面建成小康社会的关键。2021 年中央一号文件强调，当前我国经济已由高速增长阶段转向高质量发展阶段，农业作为国民经济的基础，也要适应并遵循这一趋势。农业高质量发展是实现乡村振兴和全面建设小康社会的重要战略。因此，分析农业高质量发展的理论渊源和经济学基础，构建农业高质量发展的理论框架，对农业高质量发展的历史进程进行追本溯源，深入剖析农业高质量发展的内在逻辑机理，分析当前农业高质量发展的促进和制约因素进而提出针对性的建议，对于农业未来的健康可持续发展显得尤为重要。

二 研究意义

中国农业经济发展思想深受传统经济增长理论的影响，注重对农业产出影响因素的研究，进而关注农业经济增长的数量问题，忽视了农业经济增长的质量问题。片面追求农业经济增长的数量，导致了一系列农业经济发展的不可持续性问题。农业高质量发展是一个非常广义的概念范畴，当前学者从农业经济结构调整和转型升级、农业产业链的构建和延伸、转变农业经济发展方式、农业经济增长与资源环境的耦合协调等一个或几个侧面均展开了相应的理论对策和实证性研究，但当前文献很少将这些问题纳入一个统一的理论分析框架下进行分析，对农业经济发展的相关维度进行整合纳入农业高质量发展统一的理论框架，将有助于解决农业经济理论研究的分散性问题。本书对农业经济发展质量进行研究有助于传统农业经济增长理论的理论拓展。当前，农业经济学领域对农业经济增长数量理论的研究是最为系统完善的，但对农业经济增长质量和效益的基本理论逻辑缺乏系统的研究。在农业高质量发展的理论基础和理论框架的构建、农业经济增长数量、质量和效益关系的判断、农业高质量发展的形成机制、农业高质量发展数理模型和评价指标体系的构建、农业高质量发展的路径机制等方面没有系统的研究，没有形成农业高质量发展的理论体系。

　　经济发展理念和发展方式会随着发展阶段的变化而变化，对发展水平和发展方式也有不同的关注点。改革开放以来，我国的经济的高速增长是以大量资源要素的投入为支撑的，造成了资源要素稀缺和生态环境污染等现实问题。当前，已达到资源要素的规模报酬递增的临界点，资源要素的大量增加已不能带来显著的经济增长，同时区域资源环境的承载力已经接近上限，粗放型的经济发展模式难以为继，并成为我国经济可持续发展的主要障碍。因此，有必要全面分析高质量发展提出的时代背景，深入挖掘高质量发展的理论根源及思想演进，深入理解高质量发展丰富的现实意义。

　　就农业领域而言，农业高质量发展可以从根本上改进粗放型经营的传统小农生产方式，形成农业生产高效和可持续、生态环境和资源环境承载力良好、农产品质量可靠、三产融合发展的农业发展新格局。我国农业发展逐渐步入晋档升级的关键期，是农业现代化进程中的关键阶段，在农业顺应由高速增长阶段转向高质量发展阶段转变的过程中，对农业高质量发展进行综合评价，准确把握农业高质量发展现状，在此基础上认识当前农业高质量发展的问题、深入分析、重点突破，探讨现阶段推动农业高质量发展的可行路径，对于全面落实乡村振兴战略、推进农业农村现代化发展具有重要意义。

第三节　研究目的和研究内容

一　研究目的

　　本书基于现有研究文献以及对农业发展现实问题的思考，对农业高质量发展的内涵进行清晰界定，对农业高质量发展的理论逻辑进行探讨。在主流经济学范式下，构建农业高质量发展的理论分析框架，提出农业高质量发展的研究假设和基本命题，对国内农业经济发展的历史变迁和发展现实进行描述统计分析，构建指标评价体系对全国和省际间的农业高质量发展水平进行定量测量，探究农业高质量发展各维度之间的耦合协调关系，进而根据障碍度因子诊断结果对区域农业高质量发展提供差异化的对策建议，为我国农业转型升级和现代化建设提供经验参考。另外，对于我国农业高质量发展的综合评价和相关研究，对于不同国家和地区评判当地的农业经济发展质量和效益，探索适宜的农业经济发展路径，也具有一定的借鉴意义。

二 研究内容

一是对农业高质量发展相关理论进行回顾。在深入分析已有文献对农业高质量发展的内涵理解的基础上，从农业在经济发展中的地位和作用、农业经济发展的动力机制和农业可持续发展的必要性三个研究视角，总结和归纳了与农业经济发展相关的理论，为农业高质量发展理论框架和数理模型的构建奠定理论基础。

二是农业高质量发展理论框架的构建。基于农业经济发展阶段性和结构转换的理论探讨，借助经济增长成本分析方法构建农业高质量发展的理论框架，一方面，从农业高质量发展的基本概念框架和理论模型两方面阐述；另一方面，从农业高质量发展的理论维度阐释和基本假设方面进行补充说明。

三是分析农业高质量发展的历史变迁和发展现实。结合经验数据分析农业经济发展的阶段性特征，进一步从农业高质量发展的创新、协调、绿色、开放和共享等层面分析了当前农业高质量发展的现实促进、制约因素和存在的问题，以及影响因素的变化趋势和演变特征。

四是对农业高质量发展水平进行综合评价。主要分为三个部分：一是在农业高质量发展基本概念和理论维度描述的基础上，构建农业高质量综合评价指标体系，并对指标变量及相关计算进行说明；二是采用 TOPSIS 熵权法确定农业高质量发展各维度和基础指标权重，从纵向时序角度定量测算我国 1978—2019 年的农业高质量发展综合指数和各维度指数，并分析其变动趋势和特征。三是从纵向时序和横向空间角度对 1998—2019 年各省份的农业高质量发展水平进行定量测度，并分析区域农业高质量发展变动趋势及特征。根据农业高质量发展综合指数和各维度指数对省级农业高质量发展水平进行分组，为每种类型所在省份的农业高质量发展战略提供差异化的对策建议。然后分析农业高质量发展各维度耦合协调关系和耦合状态，进一步结合障碍因子诊断模型分析阻碍农业高质量发展的关键障碍性因素变动趋势。

第四节　研究方法

一是逻辑演绎方法。通过文献和理论的回顾梳理，对农业高质量发展的内涵、评价指标体系、定量测量方法和实现路径机制有一个初步判断。然后依托农业发展阶段理论、农业发展动力理论和可持续发展理论分析农业经济发展的内在理论逻辑机理，阐释农业高质量发展是当前中国农业经济发展阶段的必然选择。通过历史数据的描述统计分析，说明当前中国农业经济发展阶段的促进和制约因素，以及影响因素的作用机理和演变趋势；然后通过构建农业高质量发展的理论框架、数量模型和评价指标体系，对全国和各省份的农业高质量发展水平进行定量测评，并分析农业高质量发展各维度耦合协调关系和耦合状态，然后结合障碍度因子模型实证研究各维度和基础指标对农业高质量发展的障碍度，寻找制约农业高质量发展的关键因素，进而分析实现农业高质量发展的不同路径机制，为不同地区实现农业高质量发展提供多样化的对策建议。

二是综合评价方法。通过查阅文献和书籍，全面把握农业高质量发展相关领域的最新研究进展和实践应用前沿。通过理论和文献梳理国内外与农业高质量发展相关的现有文献。对农业高质量发展的基本内涵、评价指标体系构建、影响因素、动力机制等进行阐述，构建农业高质量发展的理论框架、数理模型和评价指标体系。

在分析农业经济发展历史进程和发展现状的基础上，同时大量收集和整理农业高质量发展的相关基础数据，构建综合评价指标体系以TOPSIS熵权法确定权重对1978—2019年中国农业高质量发展水平和1998—2019年省际农业高质量发展水平进行综合评价，并深入分析其阶段性特征和演进轨迹；采用障碍因子诊断模型分析农业经济创新维度、协调维度、绿色维度、开放维度和共享维度及其基础指标对农业高质量发展的障碍度，为农业经济健康持续发展提供改进路径和方向，为区域农业高质量发展提供差异化政策建议。

三是比较分析方法。一方面，遵循时间演进的线索，从纵向历史分析的角度对1978—2019年全国农业高质量发展水平的变动趋势进行阶段划分和理论解释。另一方面，以空间区域为参照，从横向视角对省际间农业高质量发展水平进行比较分析，并分析农业高质量发展的空间布局以及空间异质性差异。梳理分析工具主要包括SPSS16.0、DEA Solver Pro5.0、Stata15.1等统计分析软件。

第五节 创新点与不足之处

一 创新之处

一是研究视角的创新。农业高质量发展的现有研究主要集中在农业高质量发展的定性研究，如农业高质量发展的发展现状、存在的问题及政策建议。对于农业高质量发展的历史演进和变迁轨迹、农业高质量发展的理论逻辑和经济学基础并没有清晰的梳理和描述。而且缺乏对农业高质量发展的定量描述和分析。本书通过构建农业高质量发展的基本理论框架，构建农业高质量发展综合评价指标体系，对农业高质量发展开展综合定量评价，在综合定量评价的基础上进行空间异质性分析，并结合障碍因子诊断和耦合协调度分析结果，对区域农业高质量发展提出差异化的发展对策建议。

二是理论层面创新。一方面，基于理论和文献综述的梳理和述评，对农业高质量发展的基本内涵和外延进行了解读和界定。借鉴当前学者关于高质量发展、经济高质量发展、经济增长质量等概念内涵的解释，以及在农业研究领域的论述，确定农业高质量发展的基本内涵。本书认为，农业高质量发展是以新发展理念为指导的、以满足人民日益增长的美好生活需要为根本目标，提高农业创新效率，优化农业经济结构协调性、实现农业经济绿色发展、高水平开放和共享发展成果的动态过程。另一方面，构建了农业高质量发展的理论分析框架和数理模型，对农业高质量发展理论框架的构建将有助于解决农业经济理论研究分散性的问题。把农业经济增长研究的视野从着重关注如何实现农业经济高速增长问题扩展到了对农业经济增长质量和效益的考量方面，并对其理论维度和基本假设进行了详细说明，为构建农业高质量发展指数做好了前期理论准备。

三是研究方法的创新。农业高质量发展是一个系统工程，从单方面考察是不全面的。本书主要采取了综合评价的方法，构建农业高质量发展综合评价指标体系，基于 TOPSIS 熵权法确定权重对当前全国和省级层面农业高质量发展水平进行测算并分析了其演进趋势和阶段性特征，探究了农业高质量发展各维度耦合协调关系和耦合状态，并结合障碍度模型分析了农业高质量发展各维度和基础指标对农业高质量发展综合指数的障碍度，说明未来农业高质量发展的调整重点和战略方向。然后，根据省级层面农业高质量发展综合指数将各省份划分到高水平和低水平两个梯度，又根据各维度支撑和约束性质分为全维度支撑型、多维度支撑型、单维度约束型、多维度约束型等多种类型，结合省份农业高质量发展异质性提出不同类别省份农业高质量发展的战略重点和对策选择。

二 不足之处

一是农业高质量发展是一个包含范围广阔的系统工程，总体而言，对于它的研究尚处于起步阶段，许多问题都还没有达成共识。当前关于农业高质量发展内涵和外延的界定学术界尚未形成统一意见，本书对于农业高质量发展的综合评价和分析可能会存在欠缺考虑的部分。

二是实际操作过程中鉴于数据可得性和方法可行性等原因，在对相关指标进行测评时，部分数据指标可能无法量化，在进行全国农业高质量发展水平综合分析与区域间农业高质量发展水平的比较分析时所选取的指标存在细微差异，会对一些数据指标进行取舍，可能会存在估计精度不足的问题。

三是本书通过相关的文献研究和理论梳理，对农业高质量发展内涵进行解读和界定，从农业经济发展政策变迁的内在逻辑和发展现实的分析中说明高质量发展是现阶段农业经济发展的必然选择，并在理论内涵和现实分析的基础上构建农业高质量发展指数，选择合适的指标数据对全国和区域间农业高质量发展水平进行比较研究，并通过实证研究寻找农业高质量发展的发展方向和路径机制。尽量实现理论研究和实证研究的结合，但因研究内容涉及较多，可能存在研究深度不够的问题。同时，路径机制和政策建议的具体性和针对性可能还存在不足之处，下一步还需结合其他内容展开更为细致的研究。

第二章

文献综述

有效开展研究工作的前提是对相关理论和文献的阅读、整理和归纳评述。为了更好地评价农业高质量发展水平并寻求农业高质量发展的路径和机制，在正式开展研究之前有必要对国内外相关文献和研究进展进行系统的归纳和总结，为梳理下一步的研究思路提供借鉴。通过梳理国内外的相关文献，我们发现农业高质量发展是具有中国特色的概念，国外没有关于农业高质量发展基本内涵、评价指标体系、影响因素和实现路径等方面的专有研究。但国内外学者关于转变农业发展方式、发展现代农业和农业可持续发展的相关论述，对于我国研究农业高质量发展具有巨大的引导和启迪作用。

第一节　农业经济发展评价体系研究

直接探讨高质量发展评价指标体系的文献并不多。殷醒民（2018）从生产效率、技术创新效率、人力资本存量、金融体系和市场配置效率角度构建高质量发展指标体系。宋明顺等（2015）认为，经济发展质量应该是宏观质量，是经济发展对社会和可持续发展的满足程度，并从 8 个指标 3 个维度评价宏观质量指数。任保平和李禹墨（2018）从经济增长速度、经济结构、创新成果质量和可持续性等具体评价指标评价经济高质量发展。李金昌等（2019）从统计学意义上对高质量发展的内涵进行理解，并从 5 个维度构建了评价指标体系。

　　各个国家和地区因所处的发展阶段、历史变革和基本国情的不同，尽管不同国家间的历史变迁、社会制度和基本国情不同，在经济增长或发展质量评价指标体系的构建和代理指标的选择方面存在差异，但所涉及的基本面存在很大的相似之处。将发达国家和地区所构建的类似的评价指标体系进行归纳和总结梳理，能够对我国构建经济高质量发展指标评价体系提供经验借鉴。比较有代表性且发展相对成熟的有以下几个国家和地区构建的评价指标体系。一是欧盟主导并不断完善的经济可持续发展评价指标体系。二是 OECD 发布的绿色经济增长评价指标体系。三是美国的新经济评价指标体系。这些指标体系的相似点是基本涵盖经济发展效率和效益、资源利用和环境保护情况，以及社会福利和分配情况，近些年逐渐延伸到对高新技术和制度创新的定量评价上。虽然当前我国社会制度和经济发展路径与其他国家存在不同，但在经济高质量发展所要评价和追求的内容方面还是存在很多相似之处。对于这些已经相对成熟并经过实践检验的综合评价指标体系，具有内容全面、重点突出、指标合理等优点，我国在构建高质量发展指标体系的时候应结合实际情况，多加借鉴并转化为具有适用性的指标体系。

　　关于农业高质量发展的评价研究可以分为两种类型，部分学者用单一农业全要素生产率作为高质量发展的代理变量。近年来，关于绿色全要素生产率（Green Total Factor Productivity）对经济增长贡献的相关研究，不仅反映了经济增长的期望产出如产值的增加和生产效率的提高，而且揭示了经济增长的非期望产出，进而反映了经济增长的过程质量和对环境、社会的影响。因此，农业绿色全要素生产率不仅可以反映技术创新、先进管理经验、产业结构调整等无法观测的因素对农业经济发展的作用，而且能够反映农业经济发展的资源环境和社会影响。以农业绿色全要素生产率为基础构建农业经济高质量发展指数满足了转变经济发展方式、优化经济结构和转换经济增长动力的内在要求。选择以绿色全要素生产率为基础构建农业高质量发展指数的理由是：党的十九大报告提出"我国正处在转变经济发展方式、优化经济结构和转换经济发展动力的攻关期"，转变发展方式需要关注产出效率，优化经济结构需要关注产业结构，转换经济增长动力需要关注创新。当前阶段农业高质量发展的主要内容是转变农业经济发展方式、优化农业经济结构和转换农业经济发展动力。转换农业经济发展方式是指实现高污染、高损耗的粗放型发展方式向绿色环保集约型的经济发展方式的转换；优化农业经济结构指的是调整当前的农业产业结构，优化资源要素配置效率，提供高质量的农产品和服务，目的是实现农业经济效益的提高，转换经济发展动力是实现要素驱动向创新驱动的转变。绿色全要素生产率不仅反映了技术创新、先进管理经验、产业结构调整等无法观测的因素对农业产值的增加和生产效率提高的作用，而且能够反映经济增长对环境、社会的影响，如生产活动产生的环境污染、资源浪费等问题。以农业绿色全要素生产率为基础构建农业经济高质量发展指数满足了转变农业经济发展方式、优化经济结构和转换经济增长动力的内在要求。

另一部分学者热衷于构建综合评价指标体系评价经济高质量发展的水平。综合评价指标体系能够较为全面地反映某一概念的内涵，如果通过广泛论证的成熟指标评价体系能够为科学研究提供有益的研究支撑。当前阶段我国社会经济发展的新目标就是实现经济社会生态全面的高质量发展，任何概念和目标的产生都具有历史延续性和理念传承性，因此系统梳理不同发展阶段相近和类似的综合评价指标体系的演变历程是很有必要的。已有文献中关于农业高质量发展指标评价体系的研究非常稀少，但已有研究中对于农业现代化发展水平的研究相对系统成熟。改革开放以来，我国社会主义现代化建设进程经历了不同的发展阶段，每个阶段具有自己特色的发展目标和发展战略、路径和模式，学术界构建了相应的评价指标体系来测度阶段性经济社会发展状况。在农业现代化测度体系的构建方面，辛岭（2009）在深入研究其他国家和地区的现成经验之后，提出从反映农业现代化的投入和产出水平、农村社会现代化建设水平和农村劳动力非农就业率等方面建立综合评价指标体系对农业现代化水平进行综合评价和测量。李丽纯（2013）从农业产出和投入两个方面构建农业现代化评价指标体系，基于灰色优势分析排除主观因素干扰对评价指标进行赋权，提升了评价指标体系的可信度。进而从收益—成本的视角构建了农业现代化效益水平评价指标体系进行评价。佟光霁等（2016）以黑龙江为样本区间，采用层次分析法和熵权法相结合对指标变量进行赋权，从农业投入、产出、农村社会发展和农业可持续发展四个方面考察了县域农业现代化水平。夏四友等（2017）对榆林市农业现代化发展水平和效率的时空演变进行了测评和分析。朱晓明（2013）利用联立方程模型结合内生和外生变量，从7个方面对农业现代化指标的历年基准值进行了预测，认为中国正处于农业现代化的前期。当前，学者对于农业高质量发展的内涵的探讨不断深入，对于综合评价指标体系的研究还主要借助于以往关于农业现代化和农业可持续发展评价指标体系的研究经验。现有文献关于农业现代化发展水平指标体系的构建已相当系统和成熟，当前关于农业现代化发展的主要研究焦点在于，农业现代化发展的路径和机制的探索和经验验证。但综合评价指标体系的构建存在主观随意性、指标选择重复性、代理指标使用共线性等问题，也会降低综合评价指标体系的可信程度和使用的适用度。具体表现在如下一些问题：一是过程指标与结果指标混合使用。高质量发展作为一种价值判断，是社会经济发展的结果体现，应尽量选择结果指标进行评价，但部分学者构建的综合指标体系中的部分指标属于过程指标。二是同类指标重复。评价指标的选择最重要的是要抓住核心变量，具有较高相关性或相似性的指标的重复使用会降低评价指标体系质量。三是原始数据取得都较为困难，影响一些指标变量的测算。

第二节　农业经济发展测量方法研究

农业高质量发展的评价研究可分为单一指标评价和构建综合指标评价体系两种研究视角，对应的测量方法也有所区别。以农业绿色全要素生产率核算方法为代表的单一要素评价法，主要包括增长会计核算法、参数核算法和非参数核算法三类（余泳泽，2017）。全要素生产率一般通过计算产出与投入的一定比例关系得到（易纲等，2003）。目前，国内外已有大量关于全要素生产率测算和全要素生产率提升路径方面的研究文献（Irving，1974；Klaus，1993；Fadejeva 等，2010；鲁晓东等，2012；余永泽，2017）。通过计算产出数量指数与所有投入要素加权指数比率的方法是增长和算法（Abramovitz，1956）。增长会计核算法不需要预设生产函数形式，直接利用统计学上的拉氏和帕氏指数估算生产投入要素份额，并构建加权投入要素指数，进而估算全要素生产率，但也存在投入要素份额经验确定的随意性缺陷。

参数核算法是随着现代计量经济学的兴起和发展而逐步居于全要素生产率测算的主导地位的，基于不同生产函数模型估计的索洛余值法和随机前沿分析是参数核算法中最为常用的核算方法。索洛（Slow，1957）提出的被后世称为索洛余值法的全要素生产率核算方法是新古典经济增长理论中经济增长源泉分析的重要方法，本质就是通过设计和估算生产函数模型，以经济全部产出除以投入要素作为全要素生产率，扣除传统要素投入带来的产出增长的剩余部分就是全要素生产率增长率（郭庆旺、贾俊雪，2005），关键步骤在于生产函数模型的合理设定和参数估计方法的精准选择，而生产函数模型设定的关键又在于对于内生性问题的较好处理，即选择合适的工具变量进行处理，进而更精确地测算要素投入份额和全要素生产率。最初索洛基于资本、劳动两要素投入和规模报酬不变、技术中性的假设，以经典的柯布—道格拉斯生产函数为基础，对全要素生产率进行测算。此后，诸多学者对索洛余值法进行了研究和拓展，生产函数形式上突破传统的 C-D 生产函数，采用 CES 生产函数、超越对数生产函数（徐志仓，2015）。随着时间的推移，有学者不断拓宽要素投入假设，将能源消费、人力资本等因素逐步囊括在内（李小胜等，2018；王艳芳，2019）。针对生产率核算中的变量内生性问题，有许多学者进行了深入研究，有广义矩估计（Blundell 等，1998）等参数估计方法，也有著名的两步一致估计方法（Olley 等，1966）、Levinsohn–Petrin（LP）估计方法（Levinsohn 等，2003）和 Ackevbery–Caves–Frazer 修正（Ackerberg 等，2007）等半参数估计方法等，半参数估计方法主要在于工具变量的选择不同。另一常用的参数估计方法是随机前沿分析方法，Farrell（1957）在应用随机前沿生产函数（SFA）方法估算全要素生产率中做出了开创性贡献。Aiger 等（1977）引进一种估计随机前沿生产函数的方法，在技术无效率条件下估算全要素生产率。Kumbhakar 等（2000）对随机前沿分析法做过系统的解释，他认为随机前沿生产函数的方法重点在于对函数模型的预设，以及对随机扰动项 e 和生产无效率项 ε 所服从的分布形式进行预设。王志刚等（2006）将全要素生产率分解为四个部分，分别是生产效率变化、技术进步、规模效率变化和资源配置效率的变化。随机前沿分析法有助于对全要素生产率进行精细分解，但其预设生产函数形式和随机扰动项、生产无效率项的分布形式这一点有可能降低全要素生产率的核算精确性。

不需要预设函数形式的全要素生产率核算方法是非参数 DEA 核算法。评价决策单元效率的数据包络分析法（DEA）源于 Farrell（1957）的解析，进一步 Charnes 等（1978）将其引入效率的测算，该方法逐渐演化成比较成熟的分析范式。Tone（2001）曾经对 DEA 方法的演进历程进行了系统的梳理和评述。非参数 DEA 方法测算全要素生产率多需要与某些特定的生产指数相结合使用，其中与

Malmquist 指数、Malmquist-Luenberger 生产率指数相结合使用较为流行。Malmquist 指数源于 Malmquist（1953）的缩放因子理念，并将缩放因子理念嵌入产出距离函数用来对不同时期消费变化开展研究。Caves 等（1982）将 Malmquist 指数引入了对生产效率变动的测算，并对比分析了相关的距离函数的相似点。Fare 等（1994）进一步运用 Malmquist 指数将全要素生产率分解为技术进步率和技术效率两部分。DEA-Malmquist 指数方法极大地改善了全要素生产率核算中需要预设生产函数形式的困境，但 DEA-Malmquist 方法也存在不少局限，一是不能较好处理非期望产出，仅能侧重于投入或产出某一单侧对生产率进行刻画。二是在放松规模报酬不变的假设情况下，测算全要素生产率存在偏误。三是由于基期选择的随意性，可能导致相邻两期 Malmquist 指数不一致情况发生。近年来，学术界不断探索将 DEA 方法与其他类型的指数相结合，如 Luenberger 指数（Chambers，1996）、ISP 指数（Chang，2012）等。将 DEA 与 Malmquist-Luenberger 指数相结合的方法是基于方向性距离函数计算，能够同时较好地考察投入和期望产出、非期望产出。O'Donnell（2010）则定义了 Hicks-Moorsteen Malmquist 生产率指数，进一步弥补了传统 Malmquist 指数的缺陷。但数据包络分析法也依然存在无法度量无形要素效率、模型适宜性检验等缺陷，还需要进一步的探索和研究。

农业现代化、农业绿色发展，包括农业高质量发展本身就是综合性的概念，因此构建多指标综合评价体系进而归一化为综合指数进行考察测量是十分合理的。多指标综合评价方法的核心在于指标权重的确定，赋权方法主要有主观赋权方法和客观赋权方法。主观赋权方法包括相对指数法、多层次分析法、德尔菲评价方法等。相对指数法是将一系列指标转化为可比的指数形式，通过简单加总或加权进行评价。德尔菲评价法的指标选取和赋权存在较大的主观性。层次分析法是通过多因素分级处理确定权重，也存在赋权主观性问题。客观赋权方法包括因子分析法、主成分分析法、熵权法、基于加速遗传的投影寻踪方法等。熵权法是根据数据的离散程度确定权重，熵是对信息不确定性的度量，假如某一指标的信息量越大，表示该指标的不确定性就越小，也就意味着熵值越小。熵权法根据指标富含的信息量确定权重，具有客观性，但在度量指标关系方面存在不足。因子分析法和主成分分析法主要通过将多个细分的相关性指标转化为少数独立不相关的代理指标，在保持变量大部分原始信息量的基础上，以方差递减的次序进行排序，进而实现统计分析结构的整体优化。但因子分析法和主成分分析法存在获取的公因子或者主成分的经济学内涵无法界定的问题，当主成分因子负荷存在正负值时，会因相互抵消有效信息而影响综合指标评价的整体效果。

第三节　农业经济发展影响因素研究

加快推进现代农业高质量发展是转变农业发展方式的迫切需要，是转变农业发展方式的根本要求（尹成杰，2019），而粗放的农业发展方式是现代农业高质量发展面临的主要问题之一（方晓红，2018），转变当前农业发展方式，由大量投入要素驱动的农业发展方式转变为创新驱动的农业发展方式是推进现代农业高质量发展的重要路径之一，转变农业发展方式与实现农业高质量发展具有目标方向趋同性和实践过程一致性。随着农业经济发展理论和实践的深入推进，社会各界对于农业经济发展的认识越来越深入。越来越多的发展经济学家和实践者认识到，农业的健康可持续发展是工业增长、经济发展的先决条件。近年来，国内外研究农业经济发展方式转变和现代农业可持续发展的相关文献日益增多。

国外学者主要从农产品消费需求结构变化视角，农业供给侧结构调整改革视角，产业链分工与组织创新视角，转变农业经营方式视角，构建农业生产体系、产业体系和经营体系视角，技术进步和制度创新视角开展了诸多研究。有部分学者研究发现，农产品需求的多样化、高附加值取向正引导农业经济从数量型发展向质量型发展转变。随着经济增长和城乡居民收入的逐渐增加，城乡居民会增加对肉类、乳制品等高价值的农产品的需求，从而引导着农产品生产者调整农业产业结构，改变传统单一农业生产模式（Hassan 等，1977；Gollin 等，2015）。Mergenthaler（2009）研究发现，发展中国家的农产品系统正经历着从单一低端农产品生产向高价值农产品生产的深刻转变，这是由消费需求变化带动农产品生产结构转变实现的。以越南大城市消费者为研究对象，消费者愿意为更加安全、优质和便捷的农产品付出超过60%的平均价格溢价，收入水平和媒体对支付意愿有积极的影响。Sonntag（2019）认为，消费者对农产品的高安全性和高质量的需求会对农民、政策制定者和供应链中的所有参与者所做出的选择产生显著影响。农产品消费结构的变化通常伴随农业产业结构的升级，农业经营者会对响应消费端的需求变化调整自身的生产结构，但通常农业产业结构调整存在迟滞性（Yang，2016），政策制定者应考虑调整成本对农业产业结构调整的影响。

小农经营还是农业规模化经营，一直是农业经营方式转型视角讨论的核心问题，当前农业现代化经营模式一般分为人少地多的美国大农场模式、人多地少的日本集约化农业模式两种农业经营模式。在农业经营方式转型方面，国外学者主要关注农户应对气候变化（Charles 等，2018；Bryndís 等，2017）、市场风险和农业产业链参与程度（Yang 等，2019；Biggeri 等，2018），以及发展社区支持农业（Gorma 等，2018；Sproul 等，2015）和采用环境友好型农业技术（Adnan 等，2019）等问题。早期研究认为，较小的农场比相对较大的农场表现出更高的集约化水平，尽管土地稀缺与集约化之间的关系不是线性的（Oduol 等，2005），在农产品品质把控上更具有优势。但小规模经营农户也存在市场信息接受滞后、无力负担新技术和大型农机具采购费用、农产品市场竞争力弱等问题（Kolack-ova 等，2017）。随着农业经济的发展，小生产和大市场脱节的问题日益突出，如何引导农户、农场主与要素市场和产品市场实现有效衔接已经成为农业经济学术界关注的热点问题。

关于解决小农户面临的信息不对称、市场竞争力弱等问题的路径机制。国外研究者认为，可通过完善农业服务供给的方式解决。Hazell（2007）认为，各类农业生产者组织可以通过综合干预措施帮助小农户提高农产品的生产率，生产多样化高价值农产品，组织小农户进行销售、农业服务、寻找非农业机会。Flanigan（2016）研究发现，国家通过促使农业合作组织为农民提供社会化服务来支持农业农村经济发展的政策趋势，并提供了农业合作组织向农业服务商转型的可行性分析。另外，部分学者认为高效、完整的农业产业链是应对小生产与大市场脱节矛盾，提高农业整体盈利能力和竞争力的有效手段之一（Banasik 等，2017；Charlebois 等，2008）。农业有着长期以需求变化为驱动力的传统。在国际和国内农产品市场高度竞争的时代背景下，农户理解消费需求变化和适应更广泛的需求情况的能力将变得至关重要。农户加入农业供应链、产业链，通过契约和产权分享等方式将农业生产的上下游紧密联系在一起（MacDonald 等，2009），能够有效克服信息不对称、农业资产专用性、市场竞争力弱等问题，建立协作共享的供应商网络，进而提高农业市场竞争力。

随着粗放型经济增长方式带来的一系列经济、社会和环境问题，可持续发展理念得到关注和推广。在可持续发展理念的指导下，近年来，国际社会农业经济学家对农业可持续发展的关注度日益提高，农业可持续发展是转变农业发展方式的重要导向之一，而采用绿色先进农业技术是小农户解决农业所产生的环境污染问题，并提高粮食单产的可行选择（Pender，2008）。同时，许多学者研究了技术进步的偏好导向对于农业可持续发展的重要性。应该以资源稀缺性为导向，开发适宜的技术来应对资源环境和农业结构转型带来的挑战，并考虑技术引进和区域适应性问题（Lybbert 等，2012；Vanloqueren，2009）。政策干预和制度创新也是转变农业发展方式的重要保障，早期诸多学者研究发现土地产权稳定性与土地利用效率存在正向相关关系，推动以土地制度为核心的产权制度改革，能够有效保障小农户的土地权利，能够对农户生产和农业投资形成有效激励，进而提高农业的生产效率（Deiniger，2003；Galiani 等，2011）。另外，适宜的农业补贴政策的实施也是引领农业发展方式变革的重要手段，研究发现农业补贴政策能够通过改变经营风险、信贷约束，以及政策的分配效应影响农地供给和需求弹性，进而影响农业生产效率。Bechdol 等（2010）基于波特的五力竞争模型，从供货方、买方、竞争对手、替代产品及行业进入障碍五个竞争维度对谷物生产业盈利能力的促进和阻碍因素进行了详细分析。Tut-nmalapalli 等（2011）认为，现代农业主要是用先进的科学技术及装备进行农业生产，并且能够提高农产品生产效率，增加农民收入。Keogh 等（2015）认为，澳大利亚农业竞争力的影响因素包括国家经济与农业投入两个层面六个指标。当前从地域看关于现代发展的研究大多数都是经济发达的国家和地区，对经济欠发达地区和国家研究甚少。现代农业发展模式的研究局限于资源、资金、劳动力、技术等要素组成的形式考察，几乎没有涉及影响现代农业发展的因素评价研究。李芸等（2018）研究发现，创新要素和创新产业的区域失衡严重，多重战略优势背后隐藏着路径依赖与利益分歧的困扰，资源和创新要素的单向流动严重制约着后发地区经济的内生增长动力。张春玲等（2019）通过模糊层次综合评价法对农业高质量发展进行了一个综合评价，发现现阶段我国农业的高质量发展水平一般，据此，提出了改善农业生态环境、提高农业资源的使用率、通过经济效益的提高来促进农业的高质量发展等有效路径。

第四节　国内外研究进展与评价

通过梳理相关文献可知，国内外学者对经济增长质量、农业结构调整、转变农业发展方式等进行了大量研究，取得了大量有益的研究成果。随着"农业高质量发展"概念的提出，利用政府政策和典型案例进行定性分析的研究日渐增多，关于农业高质量发展的内涵的探讨也不断深入，在关注农业经济增长的数量产出的同时，也开始对农业经济增长过程的优劣和农业经济增长所带来的经济、社会和生态的影响进行探讨，主要从农业经济结构的协调性、农业经济运行的稳定性、社会福利分配的公平性、资源环境代价等方面进行分析。总体来讲，当前关于农业高质量发展的研究，从中国农业发展过程中存在的现实问题角度提出对策建议的研究较多，但从基础理论视角梳理农业高质量发展内在逻辑和历史变迁动因的研究较少。当前国内外研究还可以改进的方面为：

一是对农业高质量发展的基本内涵的界定缺乏统一性。现有文献对农业高质量发展的定义比较模糊，且具有较大的随意性。而且，对农业经济发展过程的优劣和产生的经济、社会和生态影响好坏的判断标准是建立在对农业高质量发展内涵和外延进行准确界定的基础上。由于现有文献对农业高质量发展并没有一个清晰统一的界定，也就造成了在此基础上的评价指标体系往往不够客观和全面，对一个国家或区域农业高质量发展基本态势的把握也就无从谈起。

二是缺乏对农业高质量发展理论逻辑的探讨。当前农业经济学领域对农业经济增长数量理论的研究是最为系统完善的，但对农业经济增长质量和效益的基本理论逻辑缺乏系统的研究。在农业高质量发展的理论基础和理论框架的构建，农业经济增长数量、质量和效益关系的判断，农业高质量发展的形成机制，农业高质量发展数理模型和评价指标体系的构建，农业高质量发展的路径机制等方面没有系统的研究，没有形成农业高质量发展的理论体系。由于没有系统完整的农业高质量发展理论体系，也就缺乏了系统的理论分析框架。农业高质量发展是一个非常广义的概念范畴。当前，学者从农业经济结构调整和转型升级、农业经济运行稳定性、转变农业经济发展方式、农业经济增长与资源环境的耦合协调性等一个或几个侧面展开了相应的理论和实证研究，但并没有将这些问题纳入一个统一的理论分析框架下进行分析，对农业高质量发展理论框架的构建将有助于解决农业经济理论研究分散性的问题。

三是缺乏对农业高质量发展历史实践逻辑的系统研究。当前经济已由高速增长阶段转向高质量发展阶段，有学者指出，农业作为国民经济的基础也要适应并遵循这一趋势，向高质量发展阶段迈进。但是对于农业高质量发展为什么应该在这个时间向高质量发展阶段迈进，农业向高质量发展阶段迈进的条件是什么？又面临着哪些重大挑战？当前学术界还没有规范清晰的解答，缺乏对中国农业高质量发展历史变迁逻辑进行全面系统的探讨。

四是缺乏对农业高质量发展路径机制的系统研究。当前研究文献对于应该通过哪些路径机制促进农业高质量发展并没有一个清晰系统的研究，大多是从转变农业发展方式、促进农业产业结构调整升级、促进农业现代化和可持续发展的角度提出改进策略，缺乏采用逻辑一致性的理论，对进一步促进农业高质量发展的路径机制进行系统探讨。

基于以上国内外研究文献梳理和评述，可以发现学术界对于如何提高农业生产效率和实现农业经济高速增长的理论文献已汗牛充栋。但对于如何提高农业经济发展质量的相关研究只能说是初窥门径。自20世纪70年代以来，随着经济发展与资源环境的矛盾日益严峻，关于如何平衡经济发展和环境资源保护的均衡性的探讨日益增多。关于转变农业发展方式和实现农业可持续发展的研究无论是在理论研究还是实证分析上都已经相对完善，对于整体经济发展质量和效益的理论探索和实证研究也日益广泛。但深入农业具体领域，对于农业经济发展过程质量和结果效益的相关理论和实践研究相对较少，缺乏将农业经济发展数量、质量和发展效益纳入统一的分析框架内进行研究。对农业高质量发展问题开展理论和实证研究就提供了这一契机，进而构建一个系统的逻辑分析框架对农业经济发展数量、质量和效益进行一致性分析是十分必要的。对于农业高质量发展问题的研究应致力于以下几点：一是对农业高质量发展的基本内涵进行科学界定。基于现有研究文献以及对农业发展现实问题的思考，对农业高质量发展的内涵进行清晰界定。二是对农业高质量发展的理论逻辑进行探讨。在主流经济学范式下，构建农业高质量发展的理论分析框架，提出农业高质量发展的理论维度和研究假设等，为下一步实证研究农业高质量发展问题提供理论依据。三是对国内农业经济发展的历史变迁和发展现实进行分析。只有对农业经济发展阶段有一个清晰的判断，对农业高质量发展的本质有一个清晰的认知，并进一步分析农业高质量发展的现实状况、存在的问题，以及有什么促进和制约条件，才能解释为什么要以及如何促进农业高质量发展问题。四是对农业高质量发展水平进行定量度量。构建指标评价体系对全国和省际间的农业高质量发展水平进行度量。并结合障碍因子诊断模型寻找阻碍农业高质量发展的关键因素，进而探究提高农业高质量发展水平的路径机制和政策启示。

第三章

农业高质量发展理论框架

从农业高质量发展的基本内涵可以看出，农业高质量发展全面涵盖了农业经济增长产出数量、过程质量和结果效益，但当前关于农业高质量发展问题的研判多以对策研究为主，在基础理论上没有建立系统的农业高质量发展理论，更没有建立解释农业高质量发展的系统数理模型。基于此，本章节基于农业高质量发展的基本内涵和理论基础，构建农业高质量发展的基本理论框架，并对农业高质量发展理论框架的理论维度进行具体解释；然后对农业高质量发展的基本假设说明。本章结构安排如下：第一节梳理农业高质量发展的理论基础；第二节建立农业高质量发展的理论框架；第三节是对农业高质量发展理论维度和基本假设的阐释。

第一节　农业高质量发展理论基础

正是基于历代学者和农业政策制定者对"如何看待农业在经济发展中的地位、作用和政策如何选择？""农业经济发展的动力机制是什么，又是如何发挥作用的？""如何实现农业经济发展的可持续性？"三个问题的理论思考和实践检验，才在当前中国进入转变发展方式、优化经济结构和转换增长动力为使命的高质量发展时代，为提出实现农业高质量发展的重大判断提供了理论基础和经验参考。表明实现农业高质量发展是当前我国"农业产业结构调整阶段",以"提高农业生产效率"为基础,实现"农业可持续发展"的可行路径。

总体而言,国内外关于农业经济发展的相关理论是在宏观经济发展理论的影响下发生转变的。宏观经济发展思想的转变按时间顺序大致可分为四个阶段,经济数量增长、经济社会协调发展、可持续发展和以人为中心的综合发展。从国内外研究文献和理论基础来看,传统研究农业经济增长的理论和文献多是研究如何实现农业经济增长产出的最大化,在农业现代化发展理论和农业可持续发展理论产生以后,才开始重视农业经济发展过程的优劣和发展结果的效益问题。当前阶段农业高质量发展体现的是以人为中心的综合发展。

一 农业经济发展思想

此研究视角重点关注"农业在经济增长过程中的地位、作用和政策选择问题"。农业是发展中国家极为重要的产业部门,研究发展中国家经济发展问题必须讨论农业发展问题。在古典经济学中,农业经济学本不是一门独立的经济学科分支,早先涉及农业的研究仅局限于农业技术的应用、农业经营规模的大小等。20世纪50年代后,随着经济学家对发展中国家经济发展问题的日益关注,继而发展经济学的创立和推广,农业经济的研究才日益受到重视。然而,由于研究者从不同的研究角度和出发点研究农业问题,对农业基本问题的认识也就存在很大的差异。正确认识有关农业的基本问题及其在经济发展中的作用,对于制定合适的农业经济发展战略和合适的发展路径,促进农业产业和宏观经济发展具有重要的意义。农业部门和现代工业部门之间存在什么样的联系?农业在经济发展中是什么样的地位和作用,农业政策应如何选择?人们对于这些问题的看法经历了重大变化,大体可以从消极的农业发展思想、积极的农业发展思想和农业发展阶段理论等方面加以论述。

（一）消极的农业发展思想

对于农业部门发展在宏观经济发展中起什么样的作用的认知，是政策制定者和社会实践者制定政策和行动的关键。西方经济学家关于农业基本问题的认识可以分为两个阶段：农业无用论和农业有用论。20世纪60年代之前，随着西方国家工业化进程的加快，工业部门所创造的财富快速超过农业部门，同时农业部门由于受到土地、技术的限制所能产生的规模效益递减，农业无用论的认知逐渐成为经济学界的主流。一般认为，农业的作用只是为工业进行原始资本积累和廉价劳动力供应，从而忽视了农业发展的重要性，农业政策制定上遵循了工业中心论的农业发展思想。

20世纪中叶之前，随着工业革命的开展，工业化成为经济发展的主流，此阶段的主流经济学家大都认为工业化是经济发展的中心，农业是阻碍经济发展的重要因素。19世纪初，在农业生产技术处于极低水平的状况下，经济学家马尔萨斯和李嘉图都认为农业是阻碍经济发展的重要因素。他们认为，由于农业投入要素土地资源的有限性，以及使用在土地上的资本和劳动力等生产要素的边际报酬递减，也会阻碍人类福利的改进。李嘉图在研究农业资本积累的约束性因素时，重点考察了土地资源对农业资本积累的约束。他认为，由于土地资源的稀缺性、劣等生产条件的土地逐渐被开垦，随着人口的增长和资本积累的增加，有限土地资源连续投入大量的劳动力和资本会造成土地的边际报酬递减。即在社会进步和财富增长中，必须的食品增加量是通过牺牲越来越多的劳动而获得的。在19世纪初，农业生产技术处于极其低下的情境中，李嘉图和马尔萨斯关于农业的观点是可以理解的。

二元经济理论是由刘易斯（1954）提出，经由拉尼斯等（1961）的补充完善形成的。主要探讨了发展中国家存在的传统农业部门和现代工业部门之间的二元关系，以及如何消解二元结构的问题，引导了20世纪五六十年代发展中国家经济发展和农业政策的制定。刘易斯在《劳动无限供给条件下的经济发展》一文中，首次提出"两个部门结构发展模型",假定传统农业部门存在大量剩余劳动力,且农村剩余劳动力边际劳动生产率为零,通过剩余劳动力的非农转移到现代工业部门,不仅为现代工业部门的发展提供了大量劳动力,而且能够促进二元结构的消减。拉尼斯等(1961)修订了刘易斯的假设,在考虑工农两部门平衡增长的基础上,完善了农业剩余劳动力转移的二元经济模型。刘易斯的二元经济模型的政策含义被理解为农业在发展中国家的经济增长中起负面或无足轻重的作用,由于这种解释被广大发展中国家用于指导经济政策的制定,农业在经济增长中被赋予了极其低下的地位,导致大多数发展中国家的农民利益受到损害,进而阻碍了整体经济的发展(约翰逊,1993)。

普雷维什提出的结构主义和依附论对农业的看法也很悲观。普雷维什认为,从长期经济发展趋势看农业的真实价格是下降的,因此发展中国家不应将有限的资源投入到农业部门中去。二战后,二元经济模型的某些推论和普雷维什的悲观思想主导了发展中国家的农业政策制定。实行以重工业为重心,压榨农业的政策。在这种思想下,许多发展中国家将农业部门作为工业部门发展的廉价劳动力蓄水池、原始资本积累来源和产品销售市场,甚至以损害农业的方式发展工业。不仅阻碍了农业经济的健康发展,而且影响了整体国民经济的持续高效运行。

(二)积极的农业发展思想

工业化迅速发展以来,对于农业在经济发展中的地位、作用以及应该选择何种农业政策,虽然大多数主流经济学家认为农业会成为经济增长的阻碍,但仍有部分学者认为,农业发展和经济增长可以实现协调发展。19世纪中叶,约翰·斯图亚特·穆勒和马歇尔认为,土地边际报酬递减规律所带来的负向影响可以通过一定的技术消解掉,经济增长和农业发展可以并行不悖。约翰·斯图亚特·穆勒在他的著作中表明,经济增长(国民经济产出增长)可与农业发展实现协调,实现对农产品实际价格进行调控。同时,穆勒认为知识、技术的进步可以有效抵消土地边际报酬递减规律所产生的负面影响。比如，农业相关知识的积累、科学技术的进步能够增加土地产出或降低单位产出所需要的劳动力、资本等要素的消耗。而且，他认为农业基础设施的建设可以有效降低农业生产成本和促进农业发展。进一步，他认为非农产业劳动生产率的显著提高，也可以部分或全部地缓解食品价格上升对消费水平的抑制作用，甚至还可能增加消费。另外，穆勒研究认为，政策的有效制定和改进也是影响农业发展的重要因素。阿尔弗雷德·马歇尔认为，即使土地存在投入要素边际报酬递减规律，但土地的拓荒、交通运输工具改进引致的运输成本的降低、组织架构的改进和知识的增长，都会有效抑制人口增长带来的生活水平提高进而产生的粮食供给的压力。

卡尔·马克思从历史唯物主义的角度肯定了农业的基础地位。马克思认为，人类最基本的物质需求是生产和占有食物，也是劳动的根本动力，而农业则是提供基本生活资料的主要途径。农业作为提供物质资料的基础部门对整个国民经济生活起着重要作用，在国民经济中处于基础地位。另外，马克思关注农业生产规模与农业生产效率的关系问题。马克思通过论证指出，农业大生产比小农经济更具绝对优势，大生产具备规模优势并能采用先进的机械技术，提高劳动生产效率，小农经济必然被大生产排挤和取代，最终走向灭亡和衰落。农业规模经济的存在是合理的，通过扩大生产规模获取规模经济收益是农业发展的方向。

柯林·克拉克认为，农业对经济增长有重要的推动作用，克拉克认为，当人均实际收入上升时，从农业为主的经济向以工业和服务业为主的经济转型是一般规律。因为随着农业生产率的提高，农产品的收入需求弹性小于1，而且该收入需求弹性会随着收入的上升不断下降，所以随着农业部门劳动力向非农部门转移，同时保证农产品供给满足需求增长是可能的。约翰逊（2004）认为，若遵循克拉克的思想，农业对经济增长的贡献本来可以更大。发展中国家曾经普遍地对农业征税以支持进口替代政策，但现实情况证明，这种做法阻碍而不是促进了经济增长。农业可以为经济发展做出重要贡献,但要想这些贡献变为现实,农业必须得到应有的重视。所有国家的政府都不愿承认农业是一个不断萎缩的行业,不愿制定政策以帮助农民适应农业劳动力需求不断下降的现实。西奥多·舒尔茨认为,农业的稳定和增长是发展中国家稳定发展的基础,但传统农业存在迟滞性、脆弱性等缺陷,需要改造传统农业,实现农业现代化。

二 农业经济发展动力相关理论

此研究视角重点关注"农业经济发展的动力与机制问题"。农业是国民经济发展的重要生产部门,几个世纪以来,农业经济学家最为关注的是如何提高农业产出效率。经济领域所讨论的热点问题也多与农业的供给和需求有关。关于如何提高农业产出效率的理论和文献综述浩如烟海,大体概括起来,可主要从农业比较优势理论、农业产业结构理论、诱致性技术和制度变迁理论、农业人力资本理论等方面加以总结。

(一)农业经济增长理论

分析农业经济增长的理论,要在宏观经济增长理论的分析框架内进行。经济增长是经济学界和国家经济政策制定和实践者所关注的永恒话题。经济增长是宏观经济学理论体系的核心内容之一。经济学家主要关注了经济增长源泉的问题,经过几个世纪的发展,经济增长理论大体经历了古典、新古典和新经济增长理论的认知阶段。

新古典经济学时期,主流经济学家主要探讨了资本积累对经济增长的作用,并认为资本积累是经济增长的源泉,进而探究了实现资本积累的路径和机制。以边际革命为开端的新古典经济学的兴起将经济增长动力的源泉扩展到人口数量的增加和资本的积累、智力水平的提高和分工协作等微观因素。总体而言,古典和新古典经济学家专注于从供给方面探究经济增长的动力源泉。20世纪80年代以来,以罗默和卢卡斯为代表的"新增长理论"的出现,将对经济增长动力的研究引向了需求方面。"哈罗德—多马经济增长模型"
（Harrod-Domar Model）致力于将凯恩斯的短期分析动态化，从需求
角度分析短期经济增长问题，认为资本转移和提高储蓄率可以有效
促进经济增长。索洛—斯旺模型（Solow-Swan Model）建立了经济
增长分析的基准模型，认为无论从任何一点出发，经济向平衡增长
路径收敛，平衡增长路径上的每个变量的增长率都是常数。人均资
本存量和技术进步是经济增长的来源，资本储蓄率的变化只会暂时
性地影响经济增长率，而对平衡增长路径产出只有较小的影响，只
有技术进步能够实现经济的长期增长。罗默和卢卡斯内生经济增长
理论则将知识、技术等内生于经济增长模型，从资源配置效率提升
角度探讨了经济增长的源泉。这些理论都是研究如何提高经济数量
产出和解决经济增长动力问题，忽略了经济增长的质量标准和效益
的增加。简言之，数量型经济增长和质量型经济增长是经济增长理
论同一问题的两个方面，一个完整的经济增长理论应该包括数量增
长和质量提升两个方面（任保平，2018）。

（二）农业比较优势理论

比较优势理论是贸易理论研究的重要组成部分，对比较优势理
论的研究与发展，比较典型的包括亚当·斯密的绝对优势理论、大
卫·李嘉图的比较成本理论、赫克歇尔—俄林的资源禀赋学说、杜
能的区位理论和波特的钻石模型等。

亚当·斯密在研究国际贸易时，认为每个经济体都有其自身绝
对有利的、适合某些特定产品生产的禀赋条件，如果每个国家按照
其绝对有利的生产条件生产特有产品并进行交换，就能够提高自身
的生产效率，并实现收益的增加。但亚当·斯密忽略了这样一个现
实，假如一个经济体与其他经济体相比完全不具有生产任何产品的
绝对优势时，该经济体应如何参与贸易分工？大卫·李嘉图的比较
成本理论解答了这一问题，比较优势理论认为不同经济体存在劳动
力、资源等要素的成本差异，各经济体应生产各自具有比较优势的
产品，即使一个经济体生产该产品的成本可能高于其他经济体。但

什么因素造成了劳动力、资源等要素的成本差异，大卫·李嘉图并未进行进一步的阐释。赫克歇尔—俄林的资源禀赋学说进行了合理的解释。资源禀赋学说认为，各个国家的资源禀赋存在差异，劳动力、自然资源、金融资本可能有的丰富，有的匮乏，各经济体分别利用本地区最丰富的要素资源进行生产，经过贸易可实现利润最大化。

杜能的区位理论也阐述了资源禀赋的地理区位特性。他在1826年出版的《孤立国同农业和国民经济的关系》一书中，首次提到了实践经验较强的区域经济理论——孤立国理论。也就是资源配置的地理空间效应。他认为，城市周围土地的利用类型和农业的集约化程度都随着与城市距离的远近而成带状变化的由内而外的一系列同心圆，即"杜能圈"。当前城市周边的农业生产布局仍沿袭着农业区位理论的思想。在现代农业发展过程中，比较优势理论、资源禀赋学说、农业区位理论等存在有益的思想，应全面综合考虑农业的资源禀赋、经济社会文化等区位条件促进现代农业的高质量发展。

（三）农业产业结构调整理论

费希尔—克拉克假设（Fisher-Clark hypothesis）是现代经济学关于产业结构调整转换研究的最早的系统考察。而关于农业产业结构调整优化理论的相关论述，以罗斯托、阿尔伯特·赫希曼和筱原三代平等的研究最具代表性。罗斯托在其著作《经济增长过程》中表示，经济增长从低级向高级演变的过程中，主导产业群将发生更替，从而推动产业结构的转换。日本著名产业结构问题研究学者筱原三代平在罗斯托的主导产业理论基础上，提出了产业结构的基准标准，即"收入弹性基准"和"生产率上升基准"。而美国经济学家阿尔伯特·赫尔曼则在其著作《经济发展战略》中依据投入—产出模型测算，提出了产业关联度标准。

现代农业经济发展的历程显示，农业经济的高速增长往往与农业产业结构的实施调整相伴而生。农业产业结构一般包括两个方面，一是农业产业内部结构调整升级；二是农业与其外部的其他涉农产业之间结构调整升级。传统农业向现代农业转型的标志之一就是农业产业结构的调整和升级。积极推进农业产业结构的合理化和高度化，以结构调整实现高效益和高质量发展，是世界各国尤其是发展中国家的产业政策选择。

（四）诱致性技术和制度创新理论

关于诱致性技术创新的研究最早由希克斯（1932）在其著作《工资理论》中提出的"诱致性发明"延伸而来。因投入要素相对价格变化而引致的新技术的发明称为"诱致性发明"。但希克斯仅提出了"诱致性发明"这一概念，并未对其更深层次的内涵进行说明，也没有提及诱致性的路径和机理，无法利用经验数据进行检验。这一概念很长时间未得到重视。直到 20 世纪 60 年代，众多学者重新对"诱致性发明"进行修正和改进，才促进了诱致性技术创新理论的发展。Slater（1960）指出"诱致性发明"概念缺乏诱导机制，无法有效解释现实问题。艾哈迈德（1966）基于比较静态分析框架引入创新可能性曲线（Innovation Possibility Cure，IPC），构建了最初的诱致性技术创新理论分析框架（何爱，2009）。随后，施穆克勒（1966）、威廉·诺德豪斯（1973）、宾斯旺格（1974）等相继加入诱致性技术创新理论的研究中，既有对基础理论的发展完善，也有基于理论框架的实证检验。

市场需求诱致性技术创新假说认为，市场需求的变化是诱致技术创新和技术变革的最主要的原因。Criliches（1957）研究发现，美国不同地区杂交玉米技术的使用、扩散及人们的接受程度存在差异，并认为市场盈利的地区差异性是导致这种现象的主要原因。这一定程度上体现了市场需求对技术变革的诱致性作用，但 Criliches（1957）未能提供市场需求与技术变革之间关系的深层次理论分析框架。而 Schmookler（1966）基于美国专利权和发明数据进行的实证研究发现，市场力量是诱致发明的关键因素。但这些学者一直未能提供坚实的、令人信服的理论分析框架，也受到了诸多的质疑和批评。

要素稀缺诱致性技术创新假说认为，生产要素的相对资源禀赋及其变化会引起要素价格的变化，进而对技术变革产生诱导作用。根据该理论发展进程和研究领域，又可细分为"Hicks-Ahmad-Binswanger"诱致性技术创新理论和"Hayami-Ruttan"诱致性技术创新理论。"Hicks-Ahmad-Binswanger"诱致性技术创新理论是从厂商理论发展而来，更关注私人厂商的技术创新行为。其中，希克斯（1932）首先提出了"诱致性发明"概念，但未进一步分析诱致性发明的实现机理。艾哈迈德（1966）为弥补这一点，基于比较静态分析框架，引入创新可能性曲线（Innovation Possibility Cure，IPC），建立了最初的诱致性技术创新理论分析框架。但艾哈迈德的理论分析框架存在研究预算固定的强约束，可应用性不强。宾斯旺格（1974）放松了这一强约束，构建了诱致性技术创新的微观经济解释模型，即技术变革是由相对要素价格变化而引致其沿着 IPC 移动，而 IPC 本身是因产品需求增长诱致而向原点内移。总体而言，以上三位学者主要关注私人厂商的创新行为，而忽略了对公共部门的创新行为的分析。

"Hayami-Ruttan"诱致性技术变迁理论是对这一缺憾的弥补。速水祐次郎等提出了一个四要素的诱致性农业技术创新模型，该理论分析框架成功地揭示了在自然资源给定的条件下技术生成和变化的偏向问题（何爱、曾楚宏，2010），成为研究农业经济发展和制定相关政策的重要理论分析工具。农业诱致性技术创新理论对于要素价格、资源配置和技术变革的关系具有较强的解释力，在要素市场未被扭曲的条件下，要素相对价格变化会反映要素的稀缺程度，进而诱致相应要素节约技术的进步。进一步，速水祐次郎指出，有技术变革引起的经济关系不平衡是导致制度变迁的主要源泉。并构建了一个更加完善的模型论证了资源禀赋、文化禀赋和技术与制度之间的一般均衡关系。

（五）人力资本理论

20 世纪五六十年代，西奥多·舒尔茨根据理论和实证研究结果指出了刘易斯的农业剩余劳动力生产率为零学说的不足，认为传统农业中农业劳动力要素的配置是理性而有效率的。传统农业发展之所以会存在停滞、落后现象是因为原有的生产要素本身的收益率低下，对于农业生产者将储蓄投资于农业再生产无法形成足够的经济刺激。舒尔茨指出，不可能通过当时的生产要素资源的配置提高农业的生产效率。要想增加农业产出，就需要把传统农业改造为现代农业，关键是引入现代农业生产要素。他提出了实现传统农业向现代农业转型的三条路径。发展经济学家和政策制定者一致认为发展中国家劳动力资源丰富，资本缺乏。因此，要实现工业化和经济的快速发展，应加大物质资本投入。但西奥多·舒尔茨认为，经济发展的关键因素不是物资资本的增加，而是人的生产技能的提高。并首次提出了"人力资本"的概念，他把人力资本定义为人们花费在教育、医疗、健康、移民、训练和获取信息等方面的投资形成的资本，并论证了物质资本和人力资本同为经济增长的源泉。并断言，对人的投资收益率要远远大于对物质的投资收益率。

继舒尔茨之后，许多的经济学家开始对人力资本理论进行了深入的研究，比较有典型代表性的研究有阿罗（1962）的"干中学"理论、罗默的知识积累模型和卢卡斯的人力资本理论。阿罗（1962）认为，随着物质资本投资的增加，"干中学"的过程会提高人力资本水平，进一步技术进步内生化也会逐渐地实现，即"干中学"模型。保罗·罗默通过将知识作为独立的新要素纳入生产函数进行经济增长分析，即构建的知识积累模型。Uzawa（1965）在研究技术进步和经济增长问题时，将人力资本要素纳入考察范围。卢卡斯（1988）在 Uzawa 构建分析模型的基础上，构造了物质资本和人力资本的两部门内生经济增长模型进行理论分析。

三　农业可持续发展相关理论

此研究视角重点关注"农业经济发展的可持续性问题"。在农业经济发展过程中，以高化肥、农药投入为特征的农业生产方式，在带来粮食产量大幅度增加的同时，也导致了一系列经济、社会和环境问题，使农业经济的可持续发展难以为继。为此，探索农业可持续发展的生产方式成为各国科研工作者和政策制定者面临的重大课题。经过几十年的研究探索，与农业可持续发展相关的研究成果主要包括可持续发展理论、环境承载力理论等。

（一）可持续发展理论

可持续发展理论是对粗放型经济增长方式所带来的一系列经济、社会和生态环境问题的反思，是对人类发展最具影响和贡献的理论之一。可持续发展思想可追溯到 20 世纪 70 年代，基于对环境资源危机给人来带来可怕后果的担忧，著名的"罗马俱乐部"发表的研究报告《增长的极限》对人类未来的不可持续性发展做出了悲观预测，并引发了关于人类未来是否能够持续增长下去的大争论。1981年，美国农业科学家布朗对"可持续发展"进行了系统的论述，从此奠定了农业可持续发展的理论基础。国际社会一般认为"可持续发展"作为一个概念被明确提出，始建于 1987 年挪威前首相布伦特兰夫人领导的世界环境与发展委员会的研究报告《我们共同的未来》中，其含义为："既满足当代人的需要，又不损及后代人满足其需求能力的发展"。之后，可持续发展成为 1992 年在里约召开的联合国"环境与发展"大会的讨论主题。会议通过的《21 世纪议程》等重要文件在世界各国广泛推广，并成为被广泛接受的一种主流观念和战略。

可持续发展概念和理论被农业经济学家引入农业领域具体应用，进而形成农业可持续发展的相关理论和实证研究。道格拉斯（1984）首次提出了"农业可持续性"的概念，并进行了相关分析。1985 年在美国加利福尼亚州议会审议并通过的"可持续农业教育法"中首先出现了"可持续农业"的相关概念，这一概念一经提出就很快得到了国际社会的广泛认可。世界与发展委员会在 1987 年首次提出了"2000 年粮食：转向持续农业的全球政策"，对农业经济发展政策制定提出了可持续性发展的要求。1988 年，联合国粮农组织提出的"关于可持续农业和农村发展的丹波宣言和行动纲领"，提出发展中国家"可持续农业和农村发展（SARD）"的新战略，成为指导发展中国家和地区制定农业经济发展政策的重要参考文件。另外，联合国总部在 1991 年专门成立了世界可持续发展农业协会（WSAA），协助并指导世界各个国家和地区可持续农业政策和实践的推行和实施。然后，联合国在 1992 年出台的《21 世纪议程》是在更高层次和更大范围内将可持续发展理念纳入全球社会经济发展战略中，并在文件中将农业和农村的可持续发展作为社会经济可持续发展的根本保证和优先领域。2015 年，联合国可持续发展峰会正式通过的《2030 年可持续发展议程》中详细列出了 17 个可持续发展目标并进行了具体解析，实现农业可持续发展位列这些目标的第 2 位。中国政府在 1994 年发布的《中国 21 世纪议程——中国 21 世纪人口、环境与发展白皮书》中强调，农业和农村的可持续发展将是中国实现社会经济可持续发展的根本保证和优先领域，中国政府将持续关注农业、农村、农民问题，并指出中国农业农村要想摆脱现有困境必须要走具有中国特色的可持续发展道路。2014 年中央一号文件指出，要建立农业可持续发展的长效机制，逐步让过度开发的农业资源休养生息，强调要促进生态友好型农业发展，加大生态保护建设力度。之后，每年的中央一号文件均对农业可持续发展和促进农业绿色生态发展提出了相关政策和标准。要求持续推行绿色的农业生产方式，增强农业的可持续发展能力。

现代农业发展的目标和内容必须立足当前展望未来，可持续发展的核心是发展，关键是可持续。现代农业要想实现高质量发展，同样需要坚持公平性原则和可持续原则，既要兼顾经济社会和生态效益的协调统一，也要兼顾代际间、区域间和产业间以及不同利益群体的利益。发展绿色农业是实现农业可持续发展的必由之路，同时也是落实中央新发展理念和推进农业供给侧结构性改革的题中之义。

（二）资源环境承载力理论

随着工业化的迅速发展，对自然资源的需求量呈指数式增长，同时经济活动对生态环境和生态系统的负面影响也日益突出，资源环境承载力概念应运而生，并在世界范围内得到广泛关注。资源环境承载力概念涵盖资源、环境、生态、灾害、社会、经济等多维度内涵（吕一河等，2018）。但是，对于资源环境承载力，目前为止并没有一个确切的公认定义。资源环境承载力可分为两个层面：资源承载力和环境承载力。20世纪50年代之前，以研究资源承载力为主，如对于土地资源承载力、水资源承载力的研究，主要是针对某一国家或区域内自然资源对人口数量及其经济社会活动的支撑能力。20世纪六七十年代，在考虑自然资源承载力的同时，开始关注人类经济活动对生态环境和生态系统的影响，以及环境及系统对人类经济活动的约束作用，承载力的本质由绝对上限纵向相对平衡；20世纪90年代以后，承载力的研究由分散走向集成。一方面，考察资源稀缺性对人口增长和经济发展的限制作用；另一方面，关注人类经济社会活动所产生的资源消耗、环境污染等对生态系统的负向影响。

近年来，资源的有限性和越来越严重的环境污染问题是制约经济发展的关键因素，承载力概念作为研究资源环境和经济发展关系的一种工具，通过资源环境承载力理论研究资源环境约束与农业经济发展之间最根本的规律问题，是实现资源环境和农业经济可持续发展的重要路径。经过多年的研究发展，资源环境承载力成为衡量人口、资源环境与经济社会可持续发展重要判据，并成为指导国土开发利用与保护整治，提升区域空间治理能力和治理体系现代化的科学基础与约束条件。资源环境承载力理论已经成为衡量区域生态、人口、经济和社会可持续发展的重要理论工具。但当前资源环境承载力理论仍存在概念界定不一致、研究分散化、内在运行机制和理论体系不完善等问题，在实际应用中应正视这一理论工具的局限性。

第二节 农业高质量发展理论框架的建立

任何一种理论都有其基本的概念及概念之间的内在逻辑，从基本概念内涵与外延出发，形成了其理论分析维度，这些理论维度构成了理论分析的基本框架（任保平，2018）。本节从农业高质量发展的基本概念框架出发，构建农业高质量发展的理论模型，研究农业高质量发展的理论维度。并进一步对农业高质量发展的形成机制进行一个理论说明。

一 农业高质量发展模型中的基本概念框架

传统经济增长理论认为，只要知识可以不断产生，经济便可以不断地增长。经济学家据此将宏观经济增长的路径设计为：发达国家通过财政赤字政策促进经济增长，发展中国家通过工业化加速经济增长。我国随着工业化进程的加快，以国民生产总值为衡量指标的经济发展实现了高速增长，农业经济发展也秉承追求农业产出数量的发展理念，实现了农业经济产出的高速增长。但片面追求经济增长数量的发展模式的负面效应也显示了出来。人口和失业压力、环境污染、生态失衡等问题日益突出，农业经济发展的成本日益加大。新古典经济学索洛模型曾指出，在投资的边际产出等于边际成本时，经济增长就处于稳态的长期均衡水平，而且能够保持长期消费水平的最大化，即经济增长的"黄金律水平"。但片面追求经济增长速度的经济发展模式，使经济发展的成本过大，就造成了当前农业经济增长高速度、低质量和效益的特征（任保平，2018）。因此，在当前农业发展阶段，要降低农业经济发展的成本，提高农业经济发展的净受益，这样才能实现农业的高质量发展。

成本是一个不断发展的概念，在经济学领域最初的成本概念属于微观经济范畴，经济成本主要指产出部门的生产成本。比如，农业生产者生产所需的种子、农药、化肥、机械，以及劳动力的投入，可以定义为在生产过程中消耗或转换的物质和服务的价值计量。[①] 随着社会经济的发展和思维认知的进步，成本概念的外延不断扩大，形成了广义成本理论体系。在经济学说史上，就有学者提出了"社会成本"的概念，Pearce（1978）将社会成本定义为"生

---

① 钱伯海：《国民经济统计学》，中国统计出版社 2000 年版。

产单位的浪费行为对外部个人和社会的成本"。[1] 20世纪中期，美国经济学家科斯提出了社会成本理论。[2] 约翰·伊特维尔（John Eatwell）等将社会成本定义为"当个人做出一项行动，他本人一定承担全部费用或获取全部收益。他所承担的部分叫作私人成本，超出的部分叫作外在成本，这两者的总和构成社会成本"。[3] 农业经济发展过程中产生诸如体制调整的成本，收入分配差距造成的社会不安定的成本皆可归入其中。环境成本主要是指生产者的生产活动对资源环境和生态系统所造成的负外部性影响。比如，某农户在种植小麦的过程中，投放农药防治病虫害和投放化肥以增强地力，但化肥农药深入土壤和地下暗河，会造成重金属污染和水体富营养化。水稻种植和畜禽养殖过程中产生的大量甲烷气体排放是"温室效应"的主要来源等。这些污染会对生态系统造成破坏，对人体健康造成危害，但农业生产者有没有全部承担其生产造成的环境成本。在一定意义上，社会成本概念可以将环境成本的概念囊括在内。经济成本分析是农业高质量发展分析的基本概念范畴，从这一概念范畴出发，农业高质量发展的目标就是，农业经济发展成本最小化，即使农业经济增长的经济成本、社会成本和资源环境成本达到最小化的状态。即农业高质量发展成本＝经济成本＋环境成本＋社会成本。

二 农业高质量发展理论模型的建立

农业高质量发展的概念模型，本小节建立农业经济增长成本分析视角的农业高质量发展模型。经济成本最小化的实质就是资源配置的均衡。资源配置是经济学研究的核心问题，也是事关农业经济发展的关键机制。资源的优化配置包括两个层面的含义：一是各类

---

① Pearce, D. W., *The Valuation of Social Cost*, London: George Allen & Unwin, 1978.

② Coas, R., "The Problem of Social Cost", *Journal of Law and Economics*, Vol. 3, 1990.

③ [英] 约翰·伊特维尔等编：《新帕尔格雷夫经济学大词典》（第二卷），经济科学出版社1996年版。

资源在农业经济发展内部活动的优化配置。当农业经济活动的边际要素投入成本与所得到的边际收益相等时，农业经济活动实现了产业内部的资源最优化配置，能够实现农业经济发展收益最大化，成本最小化，考察的是农业要素投入—产出效率问题。二是农业经济活动与其外部条件之间的耦合协调性。农业经济活动的实现受到外部环境的支持和制约，需要从外部环境中获取必要的资源并将农业经济活动产生的产品和废弃物与外部进行交易或进行排放。农业经济活动与外部间的资源配置可以分为两种，一种是农业经济活动与社会系统的资源配置，另一种是农业经济活动与生态环境系统的资源配置。当然，这种资源的最优化配置同样需要边际成本＝边际收益的均衡条件。用公式表达农业经济发展的净收益函数为：

$$NR = TR(Q) - TC(Q) \qquad\qquad (3-1)$$

其中，NR 为农业经济发展的净收益，$TR(Q)$ 为农业经济发展的总收益，$TC(Q)$ 为农业经济发展的总成本。

农业经济发展净收益最大化的条件是边际收益等于边际成本：

$$\frac{\mathrm{d}TR}{\mathrm{d}Q} = \frac{\mathrm{d}TC}{\mathrm{d}Q} \quad \text{即 } MR = MC \qquad\qquad (3-2)$$

MR 为边际收益，MC 为边际成本。

根据农业高质量发展的概念模型，我们可以将农业经济发展的成本进行分解：

$$TC = TC_e + TC_r + TC_s \qquad\qquad (3-3)$$

其中，TC_e 为农业发展经济总成本，TC_r 为农业发展环境总成本，TC_s 为农业发展社会总成本。则有：

$$MR = MC_e + MC_r + MC_s \qquad\qquad (3-4)$$

其中，MC_e 为边际经济成本，MC_r 为边际环境成本，MC_s 为边际社会成本。

从式（3-4）可以看出，农业高质量发展的最优目标的实现，即农业经济发展净收益最大化的条件是农业经济发展的边际收益等于农业经济发展的边际成本。进一步，农业经济发展的边际成本又可细分为农业经济发展的边际经济成本、边际环境成本和边际社会成本。也就是实现农业高质量发展最优化目标就是实现农业经济发展边际收益等于农业经济发展边际经济成本、边际环境成本和边际社会成本之和。因此，农业高质量发展就是最低成本的农业经济发展。

按照这一思路，农业高质量发展的理论模型建立在以下前提假设的基础之上：一是农业高质量发展是以一定时期的农业经济增长数量积累为前提的。只有当农业经济产出达到一定数量和规模，满足国民经济发展最基础的粮食需求之后，才有可能考虑农业经济发展的质量和效益问题。可以说，农业经济发展长期动态变化的结果就是农业的高质量发展。二是农业高质量发展是农业经济发展长期动态变化的结果，按照经济学的理论，对农业经济长期动态变化起决定作用的是农业总供给。而农业总供给又是由总量生产函数决定的。因此，在假定总量生产函数为新古典生产函数，规模报酬不变的前提下，运用经典的柯布—道格拉斯生产函数进行表征，即 $Y = F(K, L)$。

新古典经济学理论认为，农业经济增长的表现是农业产出数量的增加，而产出数量的增加取决于资本的投入水平。著名经济学家索洛在对资本投资问题的分析中，将资本划分为三类：物质资本（K_m）、人力资本（L_h）和自然资源资本（T_n）的加总。同时，索洛强调的物质资本、人力资本和自然资源资本是可以相互替代的，只要总的资本投入水平不变，经济发展便是可持续的。新古典经济学允许经济发展带来一定程度的环境污染、生态环境破坏和资源的损耗，只要求其他方面的资本比如人力资本量能够充分弥补资本总量的减少量就可以了。但是现实表明，某些类型的资本缺失是无法由其他类型资本完全弥补的，如有些生态系统的破坏、自然资源的耗竭造成的影响是不可逆的，珍贵动植物物种一旦灭绝，非人力可以替代或逆转。

依据经典柯布—道格拉斯生产函数 $Y(Q) = AK^{\alpha}L^{1-\alpha}$，在农业中投入要素一般包括劳动力、资本和土地，因此农业生产函数一般为：$Y = AK^{\alpha}L^{\beta}T^{(1-\alpha-\beta)}$（$A>0$，$0<\alpha<1$ 且 $0<\beta<1$）表征的新古典生产函数是一个不考虑技术约束、资源环境约束和社会制度约束的生产函数。而在农业高质量发展理论模型中，不仅强调农业经济的数量增长，而且强调农业经济发展过程的优劣，以及经济效益、社会效益和生态效益的统一。因此，农业高质量发展模型存在制度、技术和资源环境的约束，强调 $NR = TR(Q) - TC(Q)$，其中 $TR(Q)$ 等价于生产函数中的 $Y(Q)$，也就是：

$$NR = Y(Q) - TC(Q) \tag{3-5}$$

将柯布—道格拉斯生产函数代入上式，即可得到

$$NR = AK^{\alpha}L^{\beta}T^{(1-\alpha-\beta)} - TC \quad (A>0 \text{ 且 } 0<\alpha<1) \tag{3-6}$$

从式（3-6）中可以看出，要想实现农业高质量发展，就需要实现净收益 NR 的最大化，但是这又涉及总产出的最大化 $\max(AK^{\alpha}L^{1-\alpha})$ 和总成本的最小化 $\min(TC)$，即 $\min(TC_e + TC_r + TC_s)$。按照边际收益等于边际成本的经济效益最大化原则，农业高质量发展的必要条件是，通过技术进步、制度激励和约束作用实现边际收益等于边际成本：

$$\frac{dNR}{dQ} = 0 \tag{3-7}$$

即：

$$\frac{dTR}{dQ} = \frac{dTC}{dQ} \tag{3-8}$$

必要条件是：

$$\frac{d^2NR}{dQ^2} < 0 \tag{3-9}$$

通常情况下，总产出最大化和总成本最小化之间往往存在悖论，所以要实现农业高质量发展就需要在二者之间进行权衡。可能在某些时期内要尽可能求得最大产出，而在其他一些时期又需要更加注重成本消耗的最小化。这表明，要分时期对长期的农业经济发展过

程进行分析，当前中国农业经济发展处于转型升级的阶段，表征为农业经济供给侧产出剩余与消费者日益突出的对于优质农产品需求的矛盾，以及粮食产量连年递增与生态环境破坏、自然资源耗竭的矛盾。因此，要在合理利用人类现有自然资源的基础上，采取措施对成本尤其是对资源环境成本进行有效的控制，以成本最小化实现农业经济发展的净收益最大化，实现农业高质量发展。而成本最小化的驱动力在于农业经济由大量要素投入为主的经济发展模式向创新驱动的经济发展模式的转变，最终落脚于农业绿色经济绩效的评估和分析上来。

第三节 农业高质量发展的理论维度和基本假设

通过第二节农业高质量发展基本理论框架的分析，农业高质量发展水平由两方面决定，一方面，是农业总产出 $Y(Q) = AK^{\alpha}L^{1-\alpha}$，而农业产出效率又由投入要素配置效率和全要素生产率决定；另一方面，是农业生产总成本 $TC = TC_e + TC_r + TC_s$，主要包括经济成本中的生产成本和市场交易成本，社会成本中的协调城乡收入差距的制度成本，以及环境成本中的资源消耗和环境污染成本。因此，农业高质量发展的基本路径是提高生产要素投入效率和全要素生产率，降低务农成本和交易成本，以及社会和环境成本。本节从农业高质量发展基本概念出发，结合农业高质量发展的基本概念模型和理论模型，提出农业高质量发展的理论维度和基本假设。

一 农业高质量发展的理论维度

任何理论都有基本概念和概念之间的逻辑，从基本概念内涵和外延出发，形成理论分析维度，这些理论分析维度形成农业高质量发展理论分析和实证研究的基本分析框架。农业高质量发展是以满足人民日益增长的美好生活需要为最终目标，涵盖农业经济效率，经济结构、经济运行、福利分配和绿色可持续发展的多维动态发展过程。从这个角度看，推动农业高质量发展就不能从单一的视角切入，而是要从经济、社会、生态等多维视角进行观察。诸如农业全要素生产率、农业产业结构合理性、经济运行环境稳定性、创新和可持续发展能力、发展成果的共享程度、生态环境改善程度等指标，都是综合衡量农业高质量发展水平的不同维度。

（一）农业经济增长创新有效性

较高的农业生产效率是农业高质量发展的根本保证。农业生产要素投入—产出效率是农业经济增长考察的重要内容，也是农业经济发展质量的重要方面。农业高质量发展的基本内涵涵盖了农业经济发展过程的要素投入产出效率。从投入角度意味着生产要素投入消耗的降低，产出角度意味着等量要素投入带来的期望产出的增加和非期望产出的降低。投入要素效率提高意味着不同时期同等的投入要素数量带来更多的产出，效率改进意味着同等数量的投入要素结合起来带来更多的产出。技术进步意味着改变农业生产要素组合，提高生产效率。

农业生产投入—产出效率与农业经济增长方式有关。农业经济增长方式是指农业生产要素的组合形式，亦即实现农业经济增长所带来的动力源泉构成及其路径机制。新古典经济增长核算方程将技术作为外生变量纳入分析框架，无法区分生产效率和技术改变对经济增长的贡献度，Kumar 等（2002）对全要素生产率进一步分解，将经济增长动力进一步划分为生产要素投入、技术进步和效率提高等方面。进一步建立了经济增长动力模型：$\Delta y = Effch \times Tech \times \Delta CAP$。其中，$\Delta y$ 表示农业经济产出，Ech 表示技术效率变化，Tch 表示技术进步，ΔCAP 表示要素投入效率。其中，技术效率和技术进步构成全要素生产率，即 $TFPch = Effch \times Tech$。根据农业生产要素投入效率和全要素生产率对经济增长所起作用的大小，可将农业经济增长方式划分为两种，一种是在技术水平不变条件下生产要素数量的增加，即依靠劳动力、资本和土地等生产要素投入数量持续增加实现农业经济增长，可称为粗放型经济增长方式；另一种是依靠技术进步、适度规模经营、科学管理、结构优化等农业全要素生产率的提高推动农业经济增长，可称为集约型农业经济增长方式。农业高质量发展是以农业生产率提高为前提的，就需要实现农业经济增长方式由粗放型向集约型转变。

(二) 农业经济结构协调性

经济结构与农业经济增长质量有密切的关系，经济结构不仅是农业经济增长的显著影响因素，而且是农业经济平稳运行和发展的必要条件。农业经济效益的好坏一方面取决于全要素生产率的高低，另一方面取决于生产要素是否实现最优配置效率。研究经济结构就是研究要素是否在各部门、产业和区域间得到有效配置。库兹涅茨（1971）提出现代经济增长的 6 个相互关联的方面。其中第三方面指出，经济结构从农业生产占主导地位向制造业和服务业占主导地位的改变是获取现代经济增长的重要原因。"结构红利假说"是指生产要素跨部门、跨产业、跨区域的进行优化配置进而引起生产效率提高和经济增长。Maddison（1987）的经济增长核算模型认为要素转移和产业结构优化升级是经济增长的重要源泉。经济结构的优化本身意味着经济增长由量变向质变演化和生产效率的增进。

由于资源要素禀赋、历史和政策原因，不同国家和地区的农业经济增长过程往往是不尽相同且非均衡的，往往造成产业间、地区间资源要素配置扭曲和市场分割等问题（Young，A.，2000），消除要素配置扭曲，重新配置资源会提高农业生产效率，从而成为农业经济增长的源泉。任保平（2018）以劳动生产率为例说明了经济结构转化背后资源流动、要素重新配置过程中，即使没有要素投入量的增加和技术进步，结构优化也会带动产业总体生产率的提高。主要表现为两个方面：一是产业结构转化会使资源要素得到更合理的配置，缓解要素配置扭曲的负面影响。及时的产业结构调整会将稀缺资源在各产业部门之间进行合理配置，满足不同产业部门的多样化资源需求，提高单位资源的效益，进而提高经济发展质量。二是结构调整优化有利于生产要素从低效率部门向高效率部门的转移。因为产业结构调整本身就是要促进经济发展方式从要素投入为主向要素效率为主转变。

考察产业结构调整与农业经济增长之间的关系，需要对区域产业结构调整程度进行测算，以往研究构建产业结构合理化指数和产业结构高级化指数对区域产业结构进行定量测算（干春晖等，2011）。配置理论认为，产业结构合理化应着眼于要素资源在产业间的配置和利用效率，以要素投入产出结构的耦合程度度量结构合理化。韩永辉等（2016）对传统产业结构合理化指数和产业结构高级化指数进行了改良。将产业结构合理化指数（SR）定义为 $SR = \sum\limits_{i=1}^{n} (Y_i/Y) \left| (Y_i/L_i)/(Y/L) - 1 \right|$。其中，$SR$ 表示产业合理化指数。Y 表示总产出，L 为总劳动投入，$i = 1，2，\cdots，n$ 表示产业部门，以产值加权结合产业结构偏离指数表示产业结构合理化程度，SR 越接近于 0，说明地区产业结构越合理。产业结构高度化指数突出产业部门比例关系的变化和劳动生产效率的提高。刘伟等（2008）以各产业部门产出占比与劳动生产率的乘积作为产业结构高级化的度量指标：$SH = \sum\limits_{i=1}^{n} (Y_i/Y)(Y_i/L_i)$。$SH$ 越大，说明地区产业结构高度化水平越高。

（三）农业绿色可持续发展

经济发展和资源环境之间的协调性问题关系着经济的可持续发展进程。历史经验和研究表明，经济发展过程会产生资源环境代价是必然的，但应该采取积极的措施，合理利用资源并保护生态环境，才能实现经济与环境的和谐发展，使资源环境成为经济发展的助力而不是限制性因素，合理的资源环境损耗会提高经济发展质量，形成良性循环发展机制。

农业高质量发展的理论模型表示，农业高质量发展存在制度、技术和资源环境的约束，强调 $NR = TR(Q) - TC(Q)$，其中 $TR(Q)$ 等价于生产函数中的 $Y(Q)$，也就是：$NR = Y(Q) - TC(Q)$。从式中可以看出，要想实现农业高质量发展，就需要实现净收益 NR 的最大化。那么，考虑资源环境约束的农业生产函数应该具有以下形式 $Y=f(K, L, R)$。

其中，R 表示资源环境要素。在技术水平不变的条件下，劳动要素、资本要素和资源环境要素对经济发展具有相同的作用，即都满足资本要素使用 $\partial Y/\partial K>0$，$\partial^2 Y/\partial K^2<0$，劳动要素使用 $\partial Y/\partial L>0$，$\partial^2 Y/\partial L^2<0$；资源环境要素使用 $\partial Y/\partial R>0$，$\partial^2 Y/\partial R^2<0$。即要求农业经济发展的要素使用量都应在其可恢复阈值以下。

经济发展不仅是要素供给增加的过程，还是资源环境要素不断损耗的过程。从资源环境使用和经济增长角度，农业经济增长质量可以由 RP/Y 和 $d(RP)/d(Y)$ 表示，分别表示总产出的资源环境要素使用量和边际产出中资源环境要素的边际使用量，P 表示资源环境要素使用价格。上述两个变量代表了经济发展过程中生产对资源环境的依赖程度和破坏程度，其值越大表示经济增长的净收益越低，经济发展质量越差。经济高质量发展的过程本质就是减少经济发展通过技术创新、社会分工、知识增进、制度安排减少对自然资源依赖的内生经济增长过程。

（四）农业对外开放水平

农业对外开放水平是农业高质量发展极为重要的一个方面。农业对外贸易会使农业经济发展环境发生改变，一方面有利于扩大农业贸易的国内外市场范围，充分发挥本土农业的农产品比较竞争优势，吸引境外资金投入和使用；另一方面也使农业市场经济会受到经济全球化的冲击，面临的竞争环境也会更加严峻激烈和复杂，对农产品竞争力会造成强烈冲击，更加容易产生粮食安全问题。随着国内外经贸环境的变化，农产品比较优势会发生明显变迁，只有积极深化农业产业市场化改革，实现现代化农业建设目标，增强农业国际竞争实力，才可保证农业稳定和高质量发展。贸易开放的不断深化对农业经济发展具有深远的影响，需要明确农业贸易开放对农业发展可产生的作用机制，以实际影响为出发点，科学制定并实施创新改革策略，构建现代农业模式，为早日实现乡村振兴战略目标提供强劲助力。

（五）农业经济成果共享水平

只有当经济发展的福利和成果分配被社会绝大多数共享时，并且农业现代化生产条件有所提升时，才能进一步促进经济的健康和可持续发展。一是公平的福利分配能够解决经济发展过程中的需求不足问题，以国民收入为例，当经济发展过程中国民收入被尽可能公平分配，人均国民收入持续稳定增加，则会形成和谐的社会环境，形成稳定的收入预期，减少预防性储蓄，增加消费需求。二是公平的福利分配有利于缩小城乡收入差距，消除绝对贫困，提高机会均等性，提高人力资本水平，促进技术创新和扩散，为技术创新和扩散提供良好的社会环境。三是公平的福利分配能够促使生产经营主体将更多的储蓄转化成投资和消费，带动市场经济的活力，为农业经济发展创造良好的外部社会环境，推动农业高质量发展。农业现代化水平与技术创新和制度创新密切相关，创新作为技术进步的源泉，被认为是农业经济增长的动力源泉和重要的驱动机制，对实现农业可持续发展不可或缺。

二　农业高质量发展的基本假设

农业高质量发展不仅关注农业经济发展的来源和动力问题，更加看重农业经济发展过程的优劣和农业经济发展的效益，注重农业经济发展的前景问题，是对农业经济发展问题进行的事后规范性评价，因此农业高质量发展的分析是建立在以下假设的基础上的：

（一）全要素生产率的提高是农业高质量发展的根本保证

从文献综述、理论基础和对农业经济发展过程的描述性分析中可以发现，农业经济发展的影响因素或者说动力机制转换大体可分为三个阶段。第一阶段动力在于土地和劳动力投入，这是农业经济发展的初始阶段，即传统农业发展阶段。古典经济学家认为，农业经济发展的主要动力来自农业产出的增长，而农业产出的增长则在于对劳动和土地等农业生产要素的投入和合理配置。农业经济发展的第二阶段动力在于资本的大量投入，这是农业发展的深化阶段，即农业生产由传统农业向工业化农业阶段转型时期。随着经济的发展，土地等资源要素的稀缺性逐渐受到关注，如何应对劳动力、土地等生产要素的边际递减规律成为学术界和实践者关注的重要议题。新古典经济学家逐渐认识到技术进步对经济发展的重要性，并展开了大量的理论和经验研究。农业经济发展的第三阶段动力在于农业技术、制度创新，实现农业生产现代化改造。其动力在于农业技术、制度创新。20世纪后期，发达国家以高化肥、农药等生物化学技术投入为特征的工业化农业生产方式，虽然带来了粮食产量的高速增长，但也带来了一系列资源稀缺、环境污染、食品安全等问题，经济社会系统和自然环境系统的矛盾日益突出，学术界和政策制定者开始反思当时的经济发展战略和经济发展方式，可持续发展的经济发展理念一经提出，便在全世界得到广泛接受和推广。发达国家运用绿色技术创新、科学经济管理、生产模式创新等方式大力推进农业现代化改造，推进农业产业化、提高农业劳动素质、转变农业经济增长方式，为农业向现代化转型提供了技术和制度支撑。事实也证明了农业绿色技术进步和制度创新带动了农业经济的进一步发展。

（二）农业高质量发展关注的是农业经济发展的可持续性

农业经济发展具有长期和短期发展之分，短期农业经济发展关注的是农业产出需求问题，依靠生产要素投入的扩张满足农业的产出需求，追求短期利润的最大化。而长期的农业经济发展会关注农业生产供给的可持续性问题，主要依靠技术进步、结构转型调整和制度变革实现农业经济发展，提高农业发展的可持续性。

（三）农业高质量发展存在不一致问题

农业高质量发展既包括农业经济发展数量的增加，还包括对农业经济发展过程优劣以及发展后果好坏的评价。但在农业经济发展过程中，单纯追求农业经济发展数量的经济发展模式是粗放的，资源要素成本较高，相应地会造成农业经济发展的质量相对较低，存在农业经济发展数量、质量和效益不一致问题，农业经济发展、资源和环境不一致问题，以及农业高质量发展区域异质性问题。只有转变粗放型的经济发展模式，依靠技术创新、人力资本积累和制度变革等先进要素的投入，实现农业经济发展方式的转型升级，才能实现农业发展过程中经济、资源和环境不同程度的协调发展，进而提高农业经济发展质量、效益。

（四）实现农业高质量发展需要有效制度安排的保障

实现农业高质量发展数量、质量和效益的协调统一，需要转变粗放型经济发展模式，以人力资本、资本积累和技术创新为代表的现代要素投入是转型期农业高质量发展的重要源泉，是改造传统农业的必由之路。同时，提高农业经济发展质量、效益，需要把握有利的时机，适时调整农业经济发展战略，完善制度安排，主动推进制度变革，从制度创新上寻找突破口，进而激励和约束经济主体行为，推进农业高质量发展。

本章主要依据农业高质量发展的基本内涵和理论基础，构建农业高质量发展的基本理论框架，认为农业高质量发展是在资源环境的约束下实现农业经济发展净收益最大化或成本最小化的问题，实现机制在于投入产出比的最小化，农业经济增长的边际收益和边际成本相等，农业经济增长经济效益、环境效益和社会效益达到最优状态。另外，农业高质量发展是农业经济增长过程中动态非均衡转变的过程，包含多层次、多方面内容，需要进行多维度评判分析，因此对农业高质量发展理论框架的"创新、协调、绿色、开放和共享"五个理论维度进行具体解释；然后对农业高质量发展的基本假设进行了分析说明。

第四章

农业经济发展的历史变迁和现实

在对农业高质量发展的相关理论和文献研究进行回顾和总结之后，农业高质量发展的基本内涵已经基本界定和明晰，即已解决了农业高质量发展是什么的问题。但我国农业经济发展处于什么历史阶段？为什么我国农业经济需要向高质量发展的目标努力？当前农业经济发展的现实基本情况又是怎样的？当前农业经济向高质量发展目标奋进的过程中，存在哪些促进和制约因素，这些影响因素的作用机理和演变趋势是怎么样的？有必要对这些问题进行深入的分析，从而为农业高质量水平测量和路径机制分析提供历史和现实基础。因此，本章将对农业经济发展的发展现实基本状况、促进和制约因素的作用机理和演变趋势进行必要的探究和解释。本章的内容安排如下：第一节是对农业经济发展阶段性和结构转换进行理论探讨；第二节是对农业经济创新效率维度的演进趋势进行统计描述分析；第三节是对农业经济结构协调维度的演进趋势进行分析；第四节是对农业经济绿色发展维度的演进趋势进行分析；第五节是对农业经济对外开放维度的演进趋势进行分析；第六节是对农业经济成果共享维度的变化趋势进行分析。

第一节　农业经济发展阶段性和
结构转换的理论探讨

相关农业经济发展理论，可以看作伴随农业经济不同发展阶段不断创新和论证得到的。农业发展阶段理论是主干，相关理论是枝条。党的十九大报告指出，我国经济发展已由高速增长阶段转向高质量发展阶段，当前中国农业经济发展到了什么阶段，面对的是什么样的农业问题，主要阶段性特征是什么？农业高质量发展在解决农民贫困问题和实现农业产业结构调整问题的作用是什么？这些都是需要进一步深入分析的问题。

一　经济结构转换与阶段性发展

经济社会的发展从不是一个同质的、等速的过程，而是一个不断从量变到质变、呈现出阶段性的过程（李月、邓露，2011）。按照马克思主义经济学的基本观点，任何事物的发展过程都要经历从简单向复杂、从低级向高级分阶段发展的过程。分阶段发展是一般事物成长和发展中所表现出来的一个客观规律，是推动事物发展必须遵循的一个基本规律。事物的发展阶段是由事物本身的内部矛盾决定的，是通过事物内部矛盾运动所导致的事物表象的变化表现出来的。当内部矛盾运动使事物的表象发生了飞跃性的变化，就表明事物发展进入了新的阶段。因此，事物表象的飞跃性变化是事物发展进入新阶段的标志，是判断事物发展是否进入新阶段的依据。经济发展阶段理论是经济发展理论的重要组成部分，通过对经济发展阶段的划分，并分析各阶段经济发展的主要特征和发展动力机制，强调把握各阶段特殊经济发展规律的重要性，为发达国家未来进一步的经济发展和其他后进国家的经济发展指明方向和提供理论指导。国内外学者主要依据国民经济生产部门、生产技术类型、人口增长模式、剩余劳动力转移程度、竞争优势来源五个不同的标准将经济发展过程划分为不同的发展阶段，以具体研究不同阶段经济社会发展的不同规律。

最早对经济发展阶段进行划分的学者是著名经济学家李斯特（1841），是在古典经济学家对发展阶段划分的基础上，依据不同时期国民经济生产部门的消长，将国家经济发展过程划分为五个时期，分别是原始未开化时期、畜牧时期、农业时期、农工业时期、农工商业时期。[①] 李斯特已经注意到国民经济生产部门的结构变化，属于概念上的主观定义。但他未能详细说明各发展阶段的经济社会发展规律和各阶段的划分标准，缺乏理论基础的支撑。鉴于李斯特划分标准的模糊性，罗斯托（1991）以主导产业部门为划分标准，将经济发展划分为传统社会阶段、为起飞创造前提阶段、起飞阶段、走向成熟阶段、大规模高消费阶段和追求生活质量阶段六个阶段。罗斯托还详细分析了各阶段的主导产业部门和典型特征。[②] 罗斯托相对于李斯特，对经济发展阶段有了更明确的划分标准，并特别强调了各阶段经济社会发展主导部门的带动作用，进而强调了储蓄率和技术进步在经济发展阶段转换中的重要作用。但对技术进步、储蓄率和经济增长的关系缺乏理论探讨，在实践中，也未用经验数据说明各经济发展阶段的持续时间和转换标准。此后的学者从不同的研究视角和划分标准对经济增长阶段理论和经济增长阶段转换的动力机制问题进行了探讨。如汉森和普雷斯科特（2002）依据生产技术类型将经济发展过程划分为马尔萨斯阶段和索洛阶段。卢卡斯（2002）以人口增长模式作为经济增长阶段的划分标准，奠定

---

① 古典政治经济学家将经济发展划分为狩猎和采集、养殖、农业、商业和制造业四个阶段（Rostow，1993）。

② 罗斯托（Rostow，1991）在《经济增长过程》一书中指出，传统社会中社会生产主要依靠手工劳动，农业居于首要地位；起飞前准备阶段的主导部门通常是第一产业或劳动密集型制造业；起飞阶段的主导部门主要是非耐用消费品生产部门和铁路运输业；趋于技术成熟阶段的主导部门则是以钢铁、电力、重型机械制造业为代表的重工业部门；大众化高消费阶段的主导部门则是以汽车业为代表的耐用消费品工业；追求生活质量阶段的主导部门则是服务业。

了统一增长理论①的框架。当然，还有许多著名学者从剩余劳动力
转移、竞争优势来源等角度对经济发展阶段进行了研究。以上这些
经济发展阶段理论详细论证了经济发展各阶段的特征、划分标准和
各阶段的经济发展规律，并不断丰富着经济发展理论的研究范围，
也为经济政策制定者提供了一定的理论指导。

其中，钱纳里（1975）根据 1950—1970 年 101 个国家（或地
区）的国民核算数据，对不同国家进行比较研究提出的"多国模
型"（"标准形式"）被理论和实践界广泛论证和接受。钱纳里揭
示了产业部门的产出结构和就业结构的关系，勾勒了经济增长过程
中结构转变的"标准形式"（见表 4-1）。

表 4-1 　　　　　　　人均 GDP 与经济发展阶段的关系

人均 GDP（1970 年美元）	人均 GDP（1980 年美元）	时期	经济发展阶段	
140—280	300—600	1	初级产品生产阶段	
280—500	600—1200	2	初级阶段	工业化阶段
500—1200	1200—2400	3	中级阶段	
1200—2100	2400—3600	4	高级阶段	
2100—3300	3600—7200	5	初级阶段	发达经济阶段
3300—5040	7200—10800	6	高级阶段	

资料来源：H. 钱纳里等：《工业化和经济增长的比较研究》，上海三联书店 1989 年
版，第 234 页。②

钱纳里发现，发展中国家通常会经历一段加速转换的过渡时期，
在此之前结构几乎没有变化，在此之后结构变化的速度也会下降。
这三个时期分别是初级产品阶段、工业化阶段和发达经济阶段，在

① 统一增长理论旨在将长期经济发展过程中的不同状态或发展阶段统一于同一个模
型中（杨斌，2011）。

② 钱纳里在《工业化和经济增长的比较研究》中运用投入—产出分析法、一般均
衡分析法和经济计量模型分析了第二次世界大战以后发展中国家人均收入与经济增长阶
段的关系，被认为是"新古典结构主义"的代表作，是各国发展规划和战略研究的重要
参考文献。

图形上基本表现为一条渐进的 "S" 形曲线。[①] 钱纳里指出，加速转换的过渡时期也就是工业化阶段要完成国内需求结构、产业结构和对外贸易结构的转换，包括第一、第二、第三产业转移，出口产品竞争力提升和农村人口城镇化转型等，是一个国家经济转型和结构升级的关键时期。

二 农业经济发展的结构转换和阶段性发展

也有部分学者关注到了农业发展阶段的划分标准和各阶段的特征和发展规律问题，以约翰·梅勒和韦茨的研究最具代表性。约翰·梅勒在 20 世纪 60 年代提出了农业发展阶段论，又称资源互补论。他按照农业技术的性质，传统农业向现代农业的转变过程将农业发展划分为三个阶段，即技术停滞农业发展阶段、低资本技术动态农业发展阶段和高资本技术动态农业发展阶段。[②] "韦茨农业发展阶段理论" 是美国著名学者韦茨通过总结归纳分析美国的农业发展历程而提出的理论，该理论将美国的农业发展阶段划分成了持续生存农业阶段、混合农业阶段和现代化商品农业阶段三个阶段，并且详细描述了各个阶段的主要特征。

关于农业经济发展阶段及其阶段性的划分，速水祐次郎在其著作《农业经济论》中将世界农业问题归结为三种：低收入阶段的粮食供给不足问题、中等收入阶段的农村居民贫困问题，还有就是高

---

① 在钱纳里的研究之前，库兹涅茨在其代表作《现代经济增长理论》中，已对经济增长和经济结构转换问题进行了研究，分析了国民生产总值、生产效率、产业结构、人均收入水平等在经济增长的不同阶段的变化，总结出了现代经济增长的条件、方式、内容、趋势和规律的普遍特征。钱纳里的研究是沿用了库兹涅茨将时间序列和横截面数据相结合的计量分析方法，并进行了富有成效的理论检验和扩展。

② 约翰·梅勒（1966）针对发展中国家农业发展阶段问题，提出的农业发展阶段理论。他详细描述了各阶段农业发展的特征，他认为，技术停滞阶段的农业基本是静态的，农业生产的增长基本取决于传统要素供给的相对称增加；而低资本技术动态农业发展阶段，以提高土地生产率为重点。此阶段农业仍是国民经济中最大的生产部门，人口和收入的增加引致农产品需求增加，而机械替代劳动节约的成本小于增加机器的成本，仍采取劳动密集型或资本节约型技术；高资本技术动态农业发展阶段主要特征是资本对劳动的替代，劳动节约型或资本密集型技术不断被创造和应用到农业生产领域，劳动生产率持续增长。

收入阶段的农业结构调整问题。每个阶段政府所实施的农业政策和政策目标是不同的。

低收入阶段的"粮食问题"。在工业化发展的初期阶段，农业产出无法满足因为人口增加和收入增加而增长的粮食需求，粮食价格会被推高，进一步，粮食价格的增长又会促使工业部门增加劳动力工资，最终会成为工业化和国民经济的发展的制约因素。这早在李嘉图研究产业革命时期因果问题中业已指出，舒尔茨将它称为"粮食问题"。此阶段发展中国家通常采取引进现代先进技术，促进国内工业的发展，从而在经济上赶超发达国家的发展战略。为保护和促进本国工业化的发展，各国政府通常情况下采取的是进口替代型的工业化政策，但同时也造成了对农业等产业的剥削。同时，为形成工业化发展的原始资本积累，还会采取对出口农产品征税等政策措施，但政府剥削农业的最根本目的是为工业等现代产业提供廉价工资性产品。因此，政府农业政策的主要目标是解决粮食供给短缺的问题，而低收入阶段的外汇不足导致无法从国外进口大量农产品弥补粮食短缺，只能采取强化农业技术开发、降低农业生产成本和提高国内粮食供给的政策措施，但也会遭遇技术引进适用性的障碍。

中等收入阶段的农村贫困问题，这种贫困问题并非绝对贫困问题，而是相对贫困问题。这种相对贫困问题与二元的经济结构有关。二元经济结构是指一方面存在一批资本密集型，采用现代技术的现代工业产业部门；另一方面存在众多劳动密集型和依靠传统技术的农业产业部门，两者的劳动生产率和工资水平差距很大，而两部门之间有存在劳动力转移的技术和制度阻碍。中等收入阶段的农村贫困问题是一个过渡阶段问题，是"如何廉价提供农产品"的"粮食问题优先阶段"和"如何防止农民收入相对减少"的"农业结构调整有优先阶段"的过渡阶段。此阶段既存在粮食供给问题又存在农民相对收入下降的问题，可综合成为"农村贫困优先阶段"。此阶段，政府为保证农业粮食供给能力和农民收入，多采取农业保护政策如农产品价格支持政策、财政支农等政策措施，一方面这些措施刺激了农民的农业生产积极性，保证了粮食的生产和供给；另一方面，农业支持保护政策也导致了一些问题，如农业资源资源投入过剩矛盾、农业需求供给结构失调、妨碍农村劳动力及时有效转移等。

农业结构调整问题的本质就是因为农业生产资源要素配置不合理引致的生产要素报酬下降问题，舒尔茨把它称作"农业问题"。速水祐次郎认为，舒尔茨对于农业问题的界定存在欠缺，无论是农业生产资源投入过多，还是要素报酬下降都应与其他非农产业部门进行对比得出。因此，速水祐次郎认为，农产品供给过剩以及与其他产业部门相比农业部门的报酬率下降，农民收入增长速度缓慢，城乡收入差距扩大，这种由产业部门之间产品供需增长速度上的差异引起的不平衡，以及需要通过生产要素在产业之间重新配置来解决的问题是一般意义上的产业结构调整问题，要通过重新调整农业和其他产业之间的资源配置予以解决，是"农业调整问题"。农业结构调整问题的症结是农业部门和非农业部门的资源要素配置通道不够通畅，存在资源要素配置扭曲现象，诱发了如农村居民土地产权边界问题，农村劳动力转移与城镇化，农业产业投融资等相关问题。

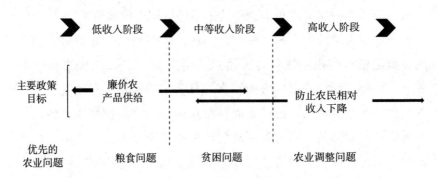

图 4-1　经济发展与农业问题的转换

资料来源：［日］速水祐次郎、［日］神门善久：《农业经济论》（新版），中国农业出版社 2003 年版，第 22 页。

无论是经济发展阶段理论还是农业发展阶段理论都特别关注人类社会从传统农业阶段向工业阶段转换的演变过程，却忽视了现代化过程中农业不同发展阶段的划分。蔡昉等（2016）指出，农业发展阶段的划分很大程度上是在一般经济发展阶段划分的基础上进行的。2012 年之后，我国经济下行压力加大，农业经济发展面临着资源环境和产业结构调整的双重制约，面对这样的新情况、新问题，如何有效引导农业经济发展方式转换，实现农业高质量发展。还需要进一步厘清研究的理论主线，构建普遍性和特殊性共存的理论体系，为我国未来农业经济发展和其他后发国家农业经济发展指明方向和提供理论借鉴。

第二节　农业经济创新效率演进趋势

农业经济创新效率维度主要测量农业经济增长过程中的创新基础水平和要素投入产出关系。一方面，农业经济创新基础水平主要体现在农业机械化水平、农业财政投资占比和农村人力资本积累水平等单个要素的投入和使用效率上。另一方面，农业创新效率应该选取反映农业生产要素投入和产出比率关系的相关基础指标，能够全面反映农业创新效率的是农业全要素生产率指标。本节对农业机械化、资本投入、农村人力资本积累水平和农业全要素生产率的历史变化情况进行分析，讨论农业经济创新效率的现状和存在的问题。

一　农业机械化水平变化情况

农业机械化水平又称农业机械化程度，既是反映农业生产过程中机械作业利用程度的重要指标，也是反映一个经济体或者地区农业劳动力与机械之间替代关系的重要指标，能够反映农业技术进步和农业劳动力替代效率。舒尔茨（1964）在其经典著作《改造传统农业》一书中，明确阐述了以农业机械化为代表的现代农业生产要素的使用对于改造传统农业，提高农业生产效率，从而为工业化和城镇化提供剩余劳动力的重要过程。Ranis 等（1961）通过将农业技术进步作为外生动力引入刘易斯模型，构建了工农互动两部门模型，阐释了农业机械化作为农业技术进步的重要内容，是增加农业剩余的决定因素。

表 4-2 展示了我国主要年份田间作业机械化水平，改革开放以来，中国农业机械化水平总体呈稳定提升态势，机耕、机播、机收水平、耕种收综合机械化率和农业机械总动力均呈上升态势。可以分为两个时间段，1979—2004 年为农业机械化水平缓慢提升时期。其中 1978—1994 年，随着家庭联产承包责任制实施，农业生产经营方式由集体经营转变为集体经营和家庭承包统分结合的双层经营模式，单一农户成为主要的农业生产经营决策主体。1983 年的中央一号文件明确指出赋予农户自主购买和经营农机的权利。但同时政府也减少了用于农机的财政支出，农机购置优惠政策也被全部取消，造成了大农机与小农户经营不匹配的现象。农业机械化陷入停滞，机耕、机播和机收水平均有不同程度的下降，耕种收综合机械化率从 20.90% 降低到 19.40%。1990 年左右，随着大中型农业机械跨区作业服务的兴起，在一定程度上缓解了耕地细碎化对于农业机械化水平的负面影响，耕种收综合机械化率有所回升。农业机械总动力处于缓慢上升态势，全国农业机械总动力从 1979 年的 13379.50 千瓦时上升到 2004 年的 64027.90 千瓦时，增长 3.78 倍。图 4-2 展示了四大区域农业机械总总动力的变化情况。由图 4-2 可以看出，1998—2004 年四大区域农业机械总动力均处于缓慢上升态势，东部地区和中部地区的农业机械化总动力持平，高于东北地区和西部地区。

表 4-2　　　　　　　　　　　主要年份田间作业机械化水平

年份	机耕水平（%）	机播水平（%）	机收水平（%）	耕种收综合机械化率（%）	农业机械总动力（千瓦时）
1979	42.40	10.40	2.60	20.90	13379.50
1985	38.80	9.40	3.60	19.40	20912.50
1990	51.00	15.00	7.00	27.00	28707.70
1995	56.30	20.00	11.20	31.90	36118.10
2000	47.80	25.80	18.30	32.40	52573.60
2003	46.80	26.70	19.00	32.40	60386.50

续表

年份	机耕水平（%）	机播水平（%）	机收水平（%）	耕种收综合机械化率（%）	农业机械总动力（千瓦时）
2004	48.90	28.80	20.40	34.30	64027.90
2005	50.20	30.30	222.60	35.90	68397.80
2006	55.40	32.00	25.60	39.30	72522.10
2007	58.90	34.40	28.60	42.50	76589.60
2008	62.90	37.70	31.20	45.90	82190.40
2009	66.00	41.00	34.70	49.10	87496.10
2010	69.60	43.00	38.40	52.30	92780.40
2011	72.30	44.90	41.40	54.80	97734.60
2012	74.10	47.40	44.40	57.20	102558.90
2013	76.00	48.80	48.20	59.50	103906.70
2014	77.50	50.80	51.30	61.60	108056.60
2015	80.40	52.10	53.40	63.80	101728.10
2016	81.40	52.80	56.00	65.20	97245.60
2017	73.80	54.14	57.05	62.90	98783.30
2018	74.50	56.93	56.92	65.00	100371.70

资料来源：原始数据来源于《中国农村统计年鉴》、《中国农业机械化年鉴》和《中国农业年鉴》，综合机械化率计算方法源于《中国农业机械化年鉴》，综合机械化率=0.40×耕种机械化率+0.3×播种机械化率+0.30×收割机械化率。

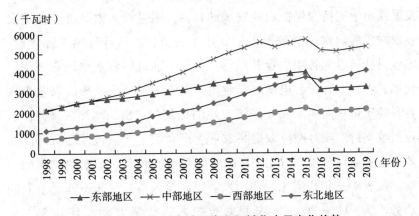

图4-2 主要年份各地区农业机械化水平变化趋势

资料来源：原始数据源于《中国农村统计年鉴》，东部地区包括北京、天津、河北、上海、浙江、江苏、山东、福建和广东9个省份；中部地区包括山西、安徽、河南、江西、湖南和湖北6个省份；东北地区包括辽宁、吉林和黑龙江3个省份；西部地区包括内蒙古、陕西、广西、海南、四川、重庆、贵州、云南、甘肃、宁夏、青海、新疆和西藏13个省份。

2004 年以来，为农业机械化水平显著提升时期。随着工业化和城镇化进程加速，农业生产环境发生了深刻变化。快速城镇化使农村劳动力流失现象突出，呈现出农村劳动力老龄化趋势。根据诱致性技术变迁理论，农业机械作为农业劳动力的重要替代要素，保证了快速城镇化进程中粮食的有效稳定供给。2004 年颁布的《中华人民共和国农机促进法》也为农业机械化发展提供了法治保障。同时，随着中央一号文件等一系列政策文件对于农业机械化发展的持续关注，农业机械化进入显著提升阶段。这一时期，农业科技装备结构持续优化，农业机械作业水平不断提升，机耕、机播、机收水平实现了大幅度提升，耕种收综合机械化率从 2004 年的 34.30% 提升到 2018 年的 65.00%。四大区域农业机械总动力也实现了大幅度跨越，中部地区农业机械化水平超过了东部地区，东北地区农业机械化水平从 2016 年开始也超过了东部地区，西部地区农业机械化水平还有大幅度提升空间。

二 农业财政投入占比变化情况

农业财政支出又称财政支农支出。是政府为了促进农业可持续发展或出于支持和保护农业发展的目的，通过投入财政资金促进农业农村发展。农业财政投入主要用于农田、水利等基础设施建设、农业科技研发和各项农业补贴等。比如，通过将农业财政资金用于化肥、农药、种子、机械等农业生产要素的科技研发提高农业投入要素的质量从而实现农业经济效益的提高和产出的增加。另外，农业财政支持专项补贴可以提高农业生产者的生产积极性和资源配置效率。农业财政投入占比是指农林水事务支出与一般财政支出的比值。从表 4-3 可以看出，中国农业财政投入占比呈先下降后上升的趋势。从 1978—2003 年农业财政投入占比呈波动下降趋势，从 1978 年的 10.19% 下降到 2003 年的 4.48%。其中，1978—1984 年，政府加大了农业财政支出，为家庭联产承包责任制等一系列农村改革的顺利推进提供了充足的资金保障。1985 年到 1994 年，随着市场化改革的推进，政府逐渐放开了除谷物等战略性物资之外的其他农产品市场，对于农业的财政投资支持力度也不断降低，农业经济增长出现了明显的减缓。1995—2003年，工业"反哺"农业的理念逐渐深入政策制定之中，粮食收购价格有所提高，农业财政支出有小幅度波动上升，但随后国企改革和加入世贸组织迫使取消了部分的农产品保护措施，农业财政支出占比在2003年达到最低。2004年开始，进入解决"三农"问题的改革时期，随着城镇化、工业化进程加快，农业生产要素流失严重，农业成为经济发展过程中的弱势产业部门，面临着其他行业的挑战和日益复杂严峻的竞争风险。从2004年开始的中央一号文件将解决"三农"问题作为政策研究的重点，出台和实施了比如取消农业税、18亿亩耕地保护红线等一系列利农惠农政策举措，因而农业财政支出占比也呈现出平稳而快速的增长态势。

表4-3　　　　　　　主要年份农业财政投入占比变化趋势

年份	占比（%）	年份	占比（%）	年份	占比（%）
1978	10.19	1992	7.33	2006	5.32
1979	11.13	1993	6.80	2007	8.06
1980	11.32	1994	7.13	2008	8.60
1981	10.91	1995	6.39	2009	10.49
1982	10.24	1996	6.41	2010	10.48
1983	9.10	1997	6.42	2011	10.27
1984	8.51	1998	6.06	2012	10.70
1985	6.45	1999	5.91	2013	10.71
1986	6.12	2000	5.97	2014	10.55
1987	6.48	2001	5.62	2015	11.07
1988	6.67	2002	5.89	2016	11.11
1989	6.99	2003	4.48	2017	10.61
1990	7.33	2004	6.33	2018	10.89
1991	7.22	2005	5.33	2019	10.96

资料来源：原始数据来源于《中国统计年鉴》和《中国农村统计年鉴》，根据农林水事务支出与一般财政支出的比值计算得出。

三 农业人力资本积累变化情况

农业现代化既是一个历史性概念，也是一个世界性概念；既关系着农业经济增长的可持续性，也关系着当前农业发展的潜力，其中，农业人力资本积累水平是关系农业现代化进程的一项重要指标，一般用农村劳动力平均受教育年限或者农业科技人员占总农林牧渔从业人员比重表示。由图4-3显示，农村人力资本积累水平呈波动上升态势。农业科技人员占农林牧渔从业人员比重从1978年的0.10%上升为2019年的0.36%，说明农业人力资本积累水平有所提升，但农业人力资本水平仍处于较低水平。

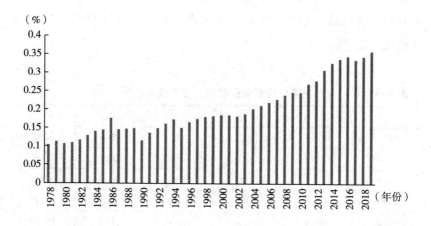

图4-3 农业技术人员占农林牧渔业从业人员比重变化趋势

资料来源：原始数据来源于历年《中国统计年鉴》，然后根据第一产业总产值/农作物总播种面积的比值计算得到，单位为亿元/千公顷。

四 农业全要素生产率变化情况

农业现代化在很大程度上就是全要素生产率对农业经济增长的贡献度持续提升的过程。党的十九大报告明确指出，我国经济已由高速增长阶段转向高质量发展阶段，持续推进经济新旧动能转换，从要素投入为主的外延式经济增长向依靠科技进步、人力资本积累的内涵式发展转变成为新阶段经济转型升级的方向。而实现经济增长动力由生产要素驱动向创新驱动的转变根本上在于提升全要素生产率（焦勇、杨蕙馨，2019）。在现代经济学中，全要素生产率是衡量经济发展水平和绩效的重要方法，农业全要素生产率是全要素生产率的细分概念，农业全要素生产率常常被作为测量农业现代化水平和农业可持续发展的重要指标变量，将其作为衡量农业高质量发展水平的核心变量是有理论和现实依据的。新古典经济增长理论将全要素增长率的提高视为经济发展的源泉。全要素生产率分析的核心是考察经济增长的质量。全要素生产率被定义为经济增长中不能归因于劳动、资本等有形投入要素引致的产出增长的部分，因而全要素生产率反映了技术进步、制度变革、结构演化等非投入要素，而这些因素被视为是决定各国家或地区之间经济增长差异的主要因素（周晓艳、韩朝华，2009）。同时，资源环境对农业全要素生产率增长的制约作用日益明显。因此，对农业全要素生产率进行分解，解析农业全要素生产率所涵盖的内容，研究影响农业全要素生产率提高的因素成为经济学家研究的重点问题。

近些年，运用全要素生产率核算方法核算的层次逐渐从宏观经济层面延伸到工业、农业、服务业等产业和区域、城市等中观层面，然后到企业等微观层面。Hulten（2000）对可能影响全要素生产率提高的因素进行了概括总结，包括技术创新、组织和制度创新、社会观念变动、需求变化、要素份额变动、变量缺失、计量误差等因素。党的十九大报告要求"提高全要素生产率"（Total Factor Productivity），是中国首次在中央文件中采用"全要素生产率"概念，也从总体上提出了中国高效推进产业发展、重塑经济发展新动能的目标。相关研究发现，全要素生产率在很大程度上能够解释各国经济长期增长的绩效水平，一定时期的农业全要素生产率水平可以说反映了当时的农业经济发展的水平和状态，是农业高质量发展中的一个关键性指标。

文献综述部分已经对全要素生产率的三种测算方法进行了细致的阐述。非参数 DEA 核算法不需要预设函数形式，多需要与某些特定的生产指数相结合使用，其中与 Malmquist 指数、Malmquist-Luen-berger 生产率指数相结合使用较为流行。Malmquist 指数源于 Malmquist（1953）的缩放因子理念，并将缩放因子理念嵌入产出距离函数用来对不同时期消费变化开展研究。Fare 等（1994）进一步运用 Malmquist 指数将全要素生产率分解为技术进步率和技术效率两个部分。DEA-Malmquist 指数方法极大地改善了全要素生产率核算中需要预设生产函数形式的困境。本部分利用 DEA-Malmquist 指数法对农业全要素生产率进行测算，同时结合 Malmquist 生产指数对农业全要素生产率进行细项分解。

设第 t 年到第 $t+1$ 年以第 t 年技术水平 T^t 为参照的 Malmquist 指数为：

$$M_i^t(x_i^t, y_i^t, x_i^{t+1}, y_i^{t+1}) = \frac{D_i^t(x_i^{t+1}, y_i^{t+1})}{D_i^t(x_i^t, y_i^t)} \qquad (4-1)$$

第 t 年到第 $t+1$ 年以第 $t+1$ 年技术水平 T^{t+1} 为参照的 Malmquist 指数为：

$$M_i^{t+1}(x_i^t, y_i^t, x_i^{t+1}, y_i^{t+1}) = \frac{D_i^{t+1}(x_i^{t+1}, y_i^{t+1})}{D_i^{t+1}(x_i^t, y_i^t)} \qquad (4-2)$$

参照 Caveset 等（1982）的做法，以第 t 年的技术 T^t 和技术 T^{t+1} 为参照 Malmquist 指数的几何平均值作为从第 t 年到第 $t+1$ 年生产率变化的 Malmquist 指数，即：

$$M_{i,t+1}(x_i^t, y_i^t, x_i^{t+1}, y_i^{t+1}) = \left[\frac{D_i^t(x_i^{t+1}, y_i^{t+1})}{D_i^t(x_i^t, y_i^t)} \times \frac{D_i^{t+1}(x_i^{t+1}, y_i^{t+1})}{D_i^{t+1}(x_i^t, y_i^t)}\right]^{1/2}$$

$$(4-3)$$

若 Malmquist 指数值>1，则从第 t 年到第 $t+1$ 年农业全要素生产率是增长的；反之是降低的。可将公式分解为两部分乘积的形式，即：

$$M_{i,t+1}(x_i^t,\ y_i^t,\ x_i^{t+1},\ y_i^{t+1}) = \frac{D_i^{t+1}(x_i^{t+1},\ y_i^{t+1})}{D_i^t(x_i^t,\ y_i^t)}$$

$$\left[\frac{D_i^t(x_i^{t+1},\ y_i^{t+1})}{D_i^t(x_i^t,\ y_i^t)} \cdot \frac{D_i^t(x_i^t,\ y_i^t)}{D_i^{t+1}(x_i^t,\ y_i^t)}\right]^{-1/2}$$

(4-4)

等号右侧第一项表示技术效率变动指数（EFFCH），说明在规模报酬不变且要素自由处置的条件下相对效率的变化，测度的是决策单元从 t 期到 $t+1$ 期对生产可能性边界的"追赶效应"。若 EFF-CH>1，表示技术效率有所改善；反之，表示技术效率下降。农业技术变动指数（TECH）表示决策单元的生产技术从 t 期到 $t+1$ 期的变化程度，即生产技术"创新效应"。若 TECH>1，表示生产技术有所进步；反之，说明生产技术后退。

其中：x_i^t、x_i^{t+1} 为地区 i 第 t 年和第 $t+1$ 年的投入要素向量，投入要素选取农业劳动力、土地、机械动力、化肥和农业用水等。y_i^t、y_i^{t+1} 为地区 i 第 t 年和第 $t+1$ 年产出向量。$D_i^t(x_i^t,\ y_i^t)$、$D_i^t(x_i^{t+1},\ y_i^{t+1})$ 表示以第 t 年的技术 T^t 为参照的第 t 年和 $t+1$ 年生产点的距离函数；$D_i^{t+1}(x_i^t,\ y_i^t)$、$D_i^{t+1}(x_i^{t+1},\ y_i^{t+1})$ 为表示以第 $t+1$ 年的技术 T^{t+1} 为参照的第 t 年和 $t+1$ 年生产点的距离函数。因此，计算农业全要素生产率。根据前人经验，劳动力选取农林牧渔业年末从业人数、土地选取农作物总播种面积、机械动力选取农业机械总动力、化肥选取农用化肥施用折纯量、农业用水采用农业有效灌溉面积指标衡量。产出指标选取不变价的农林牧渔业增加值，用 1978 年为基期的农林牧渔业总产值指数进行平减。经 DEAP2.1 软件计算得到 1978—2019 年农业全要素生产率指标，并经农业全要素生产率指标分解为技术效率和技术进步因素。中国农业全要素生产率增长率及其分解的时序变化如表4-4所示。

从农业全要素生产率增长及其来源看（见表4-4），1978—2019年，中国农业全要素生产率增长率的年均增长率为1.04，可对比全炯振（2009）等。农业技术进步>1表现为正增长，但农业技术

— 73 —

表 4-4 农业全要素生产率增长率及其来源变化趋势

年份	EFFCH	TECH	TFPCH	年份	EFFCH	TECH	TFPCH
1978—1979	1.08	1.18	1.27	1999—2000	0.97	0.99	0.96
1979—1980	0.96	1.02	0.98	平均	0.98	1.01	0.98
平均	1.02	1.10	1.12	2000—2001	1.00	1.01	1.01
1980—1981	0.99	1.08	1.08	2001—2002	0.99	1.03	1.02
1981—1982	0.96	1.12	1.08	2002—2003	0.98	1.07	1.04
1982—1983	0.99	1.07	1.05	2003—2004	0.95	1.18	1.12
1983—1984	0.95	1.10	1.05	2004—2005	0.95	1.09	1.03
1984—1985	0.98	1.01	0.99	平均	0.97	1.07	1.04
平均	0.98	1.08	1.05	2005—2006	0.94	1.11	1.04
1985—1986	0.96	1.04	1.00	2006—2007	0.97	1.09	1.06
1986—1987	0.96	1.10	1.05	2007—2008	0.98	1.10	1.07
1987—1988	0.98	1.06	1.04	2008—2009	0.99	1.04	1.03
1988—1989	0.99	0.98	0.96	2009—2010	1.02	1.06	1.08
1989—1990	1.00	1.07	1.07	平均	0.98	1.08	1.05
平均	0.98	1.05	1.03	2010—2011	0.98	1.07	1.05
1990—1991	0.98	0.97	0.94	2011—2012	0.99	1.07	1.06
1991—1992	0.98	1.02	1.00	2012—2013	1.01	1.06	1.06
1992—1993	0.95	1.05	1.01	2013—2014	1.00	1.04	1.04
1993—1994	0.96	1.17	1.12	2014—2015	0.99	1.04	1.03
1994—1995	0.94	1.16	1.09	平均	0.99	1.06	1.05
平均	0.96	1.07	1.03	2015—2016	1.08	1.04	1.11
1995—1996	1.01	1.03	1.04	2016—2017	1.00	0.94	0.95
1996—1997	0.96	1.03	0.99	2017—2018	1.00	1.01	1.01
1997—1998	0.97	1.01	0.98	2018—2019	1.00	1.00	1.00
1998—1999	0.97	0.99	0.96	平均	1.02	1.00	1.02
				总平均	0.99	1.06	1.04

资料来源：TFPCH 表示农业全要素生产率变化指数；TECH 表示农业技术变化指数；EFFCH 表示农业技术效率变化指数。本表中指数为历年省份几何平均数，所取平均数也是几何平均数。

效率<1 表现为负增长。可以看出，农业全要素生产率增长主要由农业技术进步推动，即由"创新效应"推动了农业全要素生产率增长。但农业技术效率的下降却在一定程度上削减了农业技术进步的

效果。将整个研究时期以五年为期划分为 9 个时期。从子时期看，中国农业全要素生产率的增长存在明显的阶段性特点，总体表现为下降（1978—1990 年）——小幅度上升（1991—1997 年）——下降（1998—2000 年）——上升（2000—2019 年）。可以发现，农业技术进步指数在每个时期的均值均大于 1，而农业技术效率指数除了 1978—1980 年和 2016—2019 年大于 1，其他时期均小于 1。总体来看，农业全要素生产率的增长显著依赖于农业的技术进步，可以说改革开放以来，中国农业全要素生产率的增长主要来自"创新效应"，而不是各个省份和地区农业技术效率改善的结果。也就是说，各地区农业技术效率水平之间的差异较大，存在区域农业发展异质性，农业技术效率改善的"追赶效应"较弱，说明当前对于农业新技术的推广和扩散尚存在不足。

第三节　农业经济结构协调性演进趋势

农业高质量发展的理论分析框架表明，农业经济结构的协调优化会促进农业高质量发展。农业经济结构是指农业经济中诸要素、诸方面的构成情况与数量比例，主要包括农业产业结构、城乡二元结构和就业结构。农业经济结构是一个多类型、多层次的经济网络结构，其形成和发展主要决定于社会生产方式，同时受资源条件、社会需要等因素的制约和影响。农业经济结构与农业经济效率存在正相关关系。协调的农业经济结构能够促进农业生产和再生产过程中资源要素的合理配置，减少中间物质消耗，为农业经济效率提供组织和管理保障；而扭曲的农业经济结构会加大资源配置扭曲，增加中间物质损耗，降低农业经济效率。协调均衡的农业经济结构能够降低农业经济系统的运行风险，增强经济运行稳定性。如果农业经济结构不能随着经济发展进行及时调整，将导致过多的资源要素集聚于低效率的生产部门，降低资源利用效率，增加农业经济运行的系统性风险。

一　农业产业结构

通过比较各产业间的比例关系是否平衡，进而判断产业结构的合理化程度。三大产业产值在整个国内生产总值中的比例大小，反映一个国家的工业化、现代化水平。若一个国家农业占国内生产总值比例在三大产业中处于第一位，则表明此国家处于农业国水平；同理，若制造业占国内生产总值比重在三产中排名第一位，则说明这个国家已进入工业化时代；如果服务业占国内生产总值比重在三产中排第一位，则说明这个国家经济已跨进现代化门槛，第三产业占国内生产总值比重越大，农业、制造业占国内生产总值比重越低，则说明这个国家的现代化水平越高。由表4-5可以看出，1978年几个主要的发达国家第三产业占国内生产总值比重均排名第一位，处于现代化发展阶段，农业产值比重很低。1978年发展中国家中，中国处于工业化发展阶段，印度的第三产业占国内生产总值比重排第一位，已进入现代化发展阶段，而缅甸农业产值占国内生产总值排第一位尚处于农业发展阶段。2012年，发达国家继续向现代化阶段发展，农业产值比重均小幅度下降，这是因为之前农业产值在发达国家国内生产总值中所占比例已经很低，比重可降低空间已经颇为微小。而2012年发展中国家中，中国已从工业化发展阶段开始向现代化发展阶段演进，印度从现代化初期继续向现代化阶段演进，缅甸从以农业为主的发展阶段跨越工业化阶段向现代化阶段演进，其中中国、印度和缅甸农业产值占国内生产总值的比重从1978年到2012年分别下降了18.40%、17.20%和13.60%，发展中国家第一、第二、第三产业发展趋势很好地佐证了农业在国民生产总值所占份额趋于下降的趋势。著名的"配第·克拉克定律"（Petty-Clark's law）也揭示了三次产业产值与就业关系长期推移的趋势。随着经济的发展和人均收入的提高，劳动力首先从第一产业向第二产业转移，然后向第三产业转移，产业最高比重也依次从第一产业转为第二产业再到第三产业比重最高，最终实现经济现代化。

表 4-5　　　　　　　　主要发达和发展中国家产业构成国际比较

国家	1978 年三产增加值占 GDP 的比重（%）			2012 年三产增加值占 GDP 的比重（%）		
	第一产业	第二产业	第三产业	第一产业	第二产业	第三产业
发达国家						
美国	3.30	34.10	62.60	1.20	20.50	78.20
日本	3.90	38.90	57.20	1.20	25.00	78.30
英国	2.40	39.90	57.80	0.70	20.10	79.20
澳大利亚	5.50	37.90	56.60	2.40	28.30	69.30
发展中国家						
中国	27.90	47.60	24.50	9.50	45.00	45.50
印度	35.50	24.30	40.30	18.30	31.70	50.00
缅甸	44.20	12.60	43.20	30.60	32.40	37.00

资料来源：原始数据来源于国际货币基金组织，中国国家统计局，由 EPS Data 整理。

随着农业生产力水平的提高，农产品供求关系从卖方市场向买方市场转变，农业发展的制约因素已由单一的资源约束转变为资源与需求双重约束，农产品结构和质量问题已成为制约农业发展的重要方面。城乡居民生活水平的提高也促使消费结构发生重大变化，农产品需求从单一满足生存需要向优质化、多样化的消费需求转变。农业产业结构优化调整对于合理开发利用农业资源，增加农民收入，满足城乡居民农产品优质化、多样化需求具有重要意义。农业产业结构调整是指根据市场对农产品需求结构的变化改变农产品的生产结构，从而使农业生产和市场需求相协调的过程。农业产业结构调整指数越大，意味着农业产业结构向高产优质高效方向发展。图 4-4 显示，1978—2019 年，农业种植业产值占农林牧渔业总产值的比重不断下降，其他产业尤其是畜牧业比值占农林牧渔业产值比重不断上升。种植业以外产业产值从 1978 年的 20.01% 上升到2019 年的 46.71%，农业产业结构不断优化调整，但种植业产业产值比重仍占比最大，未来农业产业结构调整升级仍有很大空间。

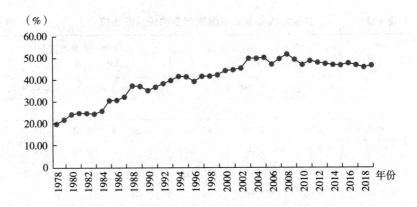

图4-4 农业产业结构调整指数变化趋势

注：农业产业结构调整指数＝1-农业产值与农林牧渔业总产值的比值。图4-4中数据经计算得到。

二 城乡二元结构

刘易斯（1954）等发展经济学家认为，发展中国家经济具有典型的二元经济结构特征。二元经济结构反映的是产值和劳动力在高生产率的工业部门和低生产率的传统农业部门的情况，产业部门拓展深化和资源要素在产业部门间的优化配置将促进农业现代化发展。城乡二元结构用第一产业比较劳动生产率、二元对比系数和二元反差指数进行表征（王颂吉、白永秀，2013）。二元对比系数又称二元生产率对比系数，二元对比系数与经济结构二元性的强度呈反向变动关系，二元对比系数越大，两部门差别越小；二元对比系数越小，两部门差别越大。理论上二元对比系数最大值为1，但通常总是小于1（周月书、王悦雯，2015）。图4-5数据显示，改革开放以来，我国二元对比系数呈现较大波动趋势，二元经济结构呈现"弱化—强化—弱化—强化"的周期性波动趋势。1978—1984年呈弱化趋势，究其原因，是以家庭联产承包责任制为核心的农村改革极大地促进了农民的生产积极性，农业生产率的提高促进了城乡经济二元性的弱化（刘奇等，2003；高帆，2007）。1984—1996年，由于制度创新存在边际效应先递增再递减的特征（黄少安，

2000)，农村改革的制度效应逐渐释放完毕，而国家经济改革的重心在此阶段也由农村转向城市，重点推进国有企业制度改革。其中1992 年的小幅度改善是由于相关政策出台推进了乡镇企业的发展，吸纳了大量农村剩余劳动力。1996—2004 年，二元经济结构呈强化趋势，一方面是因为乡镇企业发展受阻，对于农村劳动力吸收能力降低；另一方面是国企改革过程中城镇居民失业率上升，对于农村劳动力流动和转移形成阻碍。2004 年之后，城乡二元经济结构呈停滞和缓慢强化趋势。

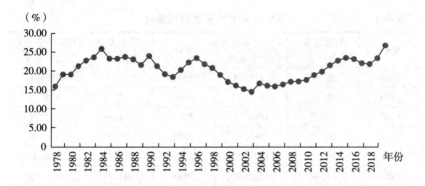

图 4-5 历年二元对比系数变动趋势

资料来源：数据来源于《中国统计年鉴》，二元对比系数 =（第一产业增加值占 GDP 比重/第一产业劳动力占劳动力总数比重）/（第二、第三产业增加值占 GDP 比重/第二、第三产业劳动力占劳动力总数比重）。

第四节　农业经济绿色发展演进趋势

资源环境的稀缺性成为农业经济发展的外在约束，要想实现农业长期稳定健康发展，必须关注农业生产和再生产过程与生态环境发生的能量和物质交换。一方面，农业经济生产和再生产过程需要从自然环境中索取物质资料和能源资源，作为生产的物质基础和来源。另一方面，农业生产和消费过程完成后，会向自然界排放各种形态的废弃物。因此，农业经济发展过程与生态环境发生的物质和能量交换主要包括两种效应：资源利用和环境影响。本节重点分析农业经济发展过程中农业碳排放的变化发展趋势。

一 农业经济发展资源利用

农业生产过程中需要利用物质资料和能源资源进行生产，一般会需要劳动力、土地、水资源等要素投入，电力、化肥、农药等中间产品投入。本书对 1978—2019 年全国农业有效灌溉面积和单位农业增加值电力消耗进行了描述统计分析。实际情况如表 4-6 所示，

表 4-6 农业经济发展资源利用情况

年份	有效灌溉占比（%）	农业产值电耗（元/千瓦时）	年份	有效灌溉占比（%）	农业产值电耗（元/千瓦时）
1978	29.96	1811.74	1999	33.99	886.41
1979	30.31	1665.29	2000	34.43	971.79
1980	30.67	1668.57	2001	34.84	997.27
1981	30.71	1696.32	2002	35.15	1092.85
1982	30.52	1598.28	2003	35.44	1156.18
1983	31.00	1582.55	2004	35.48	1085.29
1984	30.82	1443.64	2005	35.39	1109.15
1985	30.66	1406.00	2006	36.64	1199.63
1986	30.67	1462.00	2007	37.58	1132.52
1987	30.63	1408.99	2008	38.05	994.97
1988	30.63	1213.92	2009	38.09	1029.21
1989	30.65	1209.70	2010	38.49	978.75
1990	31.95	1102.18	2011	38.58	905.62
1991	31.97	1180.83	2012	38.62	938.70
1992	32.61	1218.64	2013	38.83	917.59
1993	32.98	1132.19	2014	39.12	908.22
1994	32.89	935.78	2015	39.49	885.91
1995	32.88	813.98	2016	40.22	867.62
1996	33.06	810.92	2017	40.61	871.15
1997	33.28	832.38	2018	41.15	823.96
1998	33.59	832.98	2019	41.39	764.93

资料来源：数据来源于《中国农村统计年鉴》，经 EPS 数据库整理得到。

从 1978—2019 年我国农业有效灌溉面积呈波动上升趋势，有效灌溉面积占比从 1978 年的 29.96% 持续上升到 2019 年的 41.39%。单位农业增加值电力消耗 1978—1996 年呈波动下降趋势，1997—2006 年呈波动上升趋势。从 2007 年单位农业增加值电力消耗开始持续下降，从 2007 年的 1132.52 元/千瓦时波动下降到 2019 年的 764.93 元/千瓦时。总体来看，农业经济发展所产生的资源消耗仍有较大的改进空间。

二　农业经济发展环境影响

农业经济发展所造成的环境影响既有正向影响也有负向影响。正向影响如休闲观光、固碳、净化空气等，负向影响包括对大气、水、土地等的污染。本部分主要针对农业生产所产生的碳排放强度进行讨论。气候变化是当今国际社会普遍关注的全球性问题，也是人类面临最为严峻的全球环境问题。二氧化碳排放量是国际社会衡量环境污染的一项重要指标，全球气候变化导致的灾难频繁发生是由二氧化碳过度排放引起的。相较于工业碳排放，农业碳排放源头呈现多样性、分散性的特征。IPCC（政府间气候变化专门委员会）2007 年第四次评估报告指出：农业已成为全球温室气体第二大来源，农业源温室气体占全球人为温室气体排放量的 13.5%，而二氧化碳在温室气体的构成中占到了 75%，二氧化碳浓度的增加主要是由化石燃料的使用及土地利用的变化引起的，甲烷（CH_4）和氮氧化合物（N_2O）浓度的增加主要是农业引起的。因此，核算农业碳排放量，将其作为衡量农业生产环境影响的重要指标之一是合适的。本书借鉴田云等（2012）的农业碳排放量测算框架进行研究。此研究框架包括：一是农地利用活动导致的碳排放，包括农业投入品使用、农业能源耗费、农业废弃物处理等环节所引发的温室气体排放；二是水稻生长发育过程中所产生的温室气体排放；三是动物尤其反刍动物养殖带来的碳排放，国内外学者借鉴此研究框架对各国农业碳排放量进行了测算，探寻了各国农业碳排放量的源头，进而为制定相关政策措施提供了实证经验（Jane 等，2007；吴贤荣等，2014；冯晓龙等，2017；李波等，2018）。构建农业碳排放公式为：

$$E = \sum E_{ij} = \sum \delta_{ij} T_{ij}, \ i = (1, 2, \cdots, m), \ j = (1, 2, \cdots, n)$$

$$(4-5)$$

其中，E 为农业碳排放总量，$\sum E_{ij}$ 为第 i 年第 j 种类型的农业碳源碳排放量，δ_{ij} 为第 i 年第 j 种农业碳源的排放系数，T_{ij} 为第 i 年第 j 种类型的农业碳源的排放量。在此基础上，依据农业各种碳排放源头的特征，借鉴以往经验研究确定农地利用、水稻生长和畜禽养殖具体细项的碳排放因子和对应的碳排放系数。一是农地利用包括化肥、农药、农膜等农业生产投入要素使用，农业机械柴油、农业灌溉耗电等导致的碳排放和翻耕导致的有机碳流失；二是水稻生长周期导致的甲烷排放；三是畜禽养殖尤其是反刍动物养殖导致的碳排放。有学者研究发现，我国畜牧业碳排放量总体增长，但饲料粮运输加工和畜禽屠宰加工环节的排碳量占比均少于 1.05%。因此，在计算畜禽碳源碳排放量时，仅计算包括肠道发酵引发的甲烷排放和粪便处理导致的甲烷排放。其中，在畜禽养殖过程中会因为繁殖和屠宰引起年度周期内畜禽饲养数量的变化。因此，根据 IPCC（2006）提供的转换式（4-6），确定畜禽的年平均饲养量。

$$APP = \begin{cases} Herds_{end}, & if: \ Days_{live} \geqslant 365 \\ Days_{live} \times \left(\dfrac{NAPA}{365} \right), & if: \ Days_{live} < 365 \end{cases} \qquad (4-6)$$

其中，APP 表示畜禽年平均饲养量。$Herds_{end}$ 表示畜禽的年末存栏量，$Days_{live}$ 表示饲养周期，$NAPA$ 表示年畜禽的出栏量。我国的生猪、禽类的饲养天数分别是 200 天和 55 天，需要计算平均的饲养量，然后再根据畜禽碳源排放系数计算畜禽生产的碳排放量。

农业主要碳源排放系数见表 4-7，详细排放系数数据业已做具体计算和说明。本书农业碳排放量数据统计了农业主要碳源排放量，因客观因素尚有部分农业碳源排放量无法统计，当前统计的农业碳排放量是被低估的。

表 4-7　　　　　　　　　　　农业主要碳源碳排放系数

分类	碳源	碳排放系数	计量单位	参考来源
农地利用	化肥	0.90	kg C/kg	ORNL[a]
	农药	4.93	kg C/kg	ORNL
	农膜	5.18	kg C/kg	IREEA[b]
	柴油	0.59	kg C/kg	IPCC[c]
	翻耕	312.60	kg C/km^2	伍芬林等
	灌溉	266.48	kg C/hm^2	段华平等
稻田排放	水稻生长	0.46	gCH$_4$/（m^2·d）[d]	田云等
牲畜养殖	种类	肠道发酵	粪便管理	单位
	水牛	76.00	13.50	kg CH$_4$/（头$^{-1}$·a^{-1}）[e]
	奶牛	78.00	9.00	kg CH$_4$/（头$^{-1}$·a^{-1}）
	其他牛	54.00	9.80	kg CH$_4$/（头$^{-1}$·a^{-1}）
	马	18.00	7.20	kg CH$_4$/（头$^{-1}$·a^{-1}）
	驴和骡	10.00	7.20	kg CH$_4$/（头$^{-1}$·a^{-1}）
	猪	1.25	5.80	kg CH$_4$/（头$^{-1}$·a^{-1}）
	山羊	7.00	10.40	kg CH$_4$/（头$^{-1}$·a^{-1}）
	绵羊	7.00	8.30	kg CH$_4$/（头$^{-1}$·a^{-1}）
	禽类	0.00	0.02	kg CH$_4$/（头$^{-1}$·a^{-1}）

资料来源：a. 美国橡树岭国家实验室；b. 南京农业大学农业资源与生态环境研究所；c. 政府间气候变化专门委员会；d. g CH$_4$/（m^2·d）表示每天每平方米水稻种植的甲烷排放量，水稻生长周期一般为 120—150 天，本书参照田云（2012）等做法，水稻生长周期取 130 天；e. kg CH$_4$/（头$^{-1}$·a^{-1}）为每年每头牲畜甲烷排放量。

　　本书计算了 1978—2019 年全国和各省份的农业碳排放量，并计算了农业碳排放强度，碳排放强度是指每单位国民生产总值的增长所带来的二氧化碳排放量。该指标主要是用来衡量一国经济同碳排放量之间的关系，如果一国在经济增长的同时，每单位国民生产总值所带来的二氧化碳排放量在下降，那么说明该国就实现了一个低碳的发展模式。数据主要来源于历年《中国农村统计年鉴》，其中农用化肥、农药①、农膜②、柴油、水稻种植面积和农业灌溉面积以时年当量为准；土地翻耕以时年农作物实际播种面积为准。反刍牲畜数量以时年年末存栏当量为准，部分缺失数据用线性插值法进行拟合补充。

根据农业碳排放量和农业碳排放强度数据显示（见图4-6），我国农业碳排放强度，即单位农林牧渔业增加值所产生的农业碳排放是呈快速下降趋势的。1978年农业碳排放强度为8.21吨/万元，2019年农业碳排放强度为0.43吨/万元，说明我国农业经济呈现一

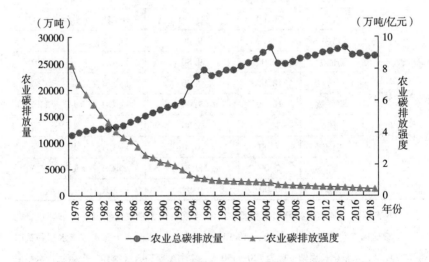

图4-6 农业碳排放量和单位农业产值碳排放强度变化趋势

资料来源：原始数据来源于《中国农村统计年鉴》，经EPS数据库整理。然后根据碳排放系数计算得到。

---

① 1990年及以前的农药使用量没有直接的统计数据，本书根据1991年分项农业物质损耗中的农药耗费资金、农药施用量和农作物农药施用面积数据，计算出1991年每亩所需消耗的农药量，结合生产者价格指数计算出1978—1990年每亩农田所需农药使用量，然后乘以每年的农作物施用面积数据，得到每年的农药施用量总量。

② 农用塑料薄膜使用量也存在部分数据缺失，农用地膜用量计算公式＝0.91×覆盖田面积×地膜厚度×理论覆盖度。一般每亩地膜使用量为3千克，用主要农作物地膜覆盖面积和塑料棚使用面积数据分别乘以每亩地膜使用量和每亩塑料薄膜使用量得出近似的农用塑料薄膜使用量。

种低碳发展模式。但 1978—2019 年我国农业碳排放总量由 1978 年的 11479.46 万吨上升到 26625.96 万吨，农业碳排放总量是呈缓慢上升趋势的，农业生产仍有较强的节能减排的空间。另外，通过分析农业碳排放三大碳源排放量（见表 4-8），农业碳排放中畜禽养殖碳排放占比最大，农地利用次之，水稻种植碳排放占比最小。畜禽养殖仍是下一步农业生产节能减排的重点。

表 4-8 　　　　　　　历年农业碳排放三大碳源排放量 　　　　单位：万吨

年份	农地利用	稻田种植	畜禽养殖	年份	农地利用	稻田种植	畜禽养殖
1978	3218.80	1079.85	7180.80	1999	7706.02	981.43	15164.74
1979	3462.24	1062.65	7438.92	2000	7792.19	939.96	15165.74
1980	3686.14	1062.84	7548.35	2001	8001.98	903.90	15723.59
1981	3816.67	1044.52	7653.58	2002	8151.68	884.74	16213.14
1982	3857.58	1037.51	7779.67	2003	8278.72	831.60	16904.96
1983	3937.52	1039.55	7748.62	2004	8716.93	890.30	17577.87
1984	4056.18	1040.87	7947.30	2005	8982.13	904.99	18283.43
1985	4054.61	1006.10	8267.62	2006	9228.52	907.84	15006.52
1986	4203.61	1012.25	8744.76	2007	9552.87	907.24	14613.30
1987	4339.39	1009.95	9104.37	2008	9714.31	917.35	14851.37
1988	4530.89	1003.51	9606.46	2009	9987.91	929.46	15193.14
1989	4800.61	1025.88	9934.17	2010	10271.41	937.19	15261.09
1990	5169.65	1037.30	10099.69	2011	10541.84	942.95	15194.69
1991	5550.68	1022.41	10225.60	2012	10775.09	945.46	15528.15
1992	5708.43	1006.73	10460.47	2013	10954.79	950.94	15600.60
1993	5922.54	952.30	10997.27	2014	11123.49	950.88	15811.94
1994	6249.47	946.54	13570.22	2015	11201.68	947.93	16109.14
1995	6655.62	964.50	15053.89	2016	11132.09	964.56	14699.06
1996	6994.96	985.26	15941.93	2017	10935.93	964.60	15101.87
1997	7332.08	996.53	14487.06	2018	10607.28	947.10	14960.42
1998	7549.84	979.24	14660.18	2019	10268.45	1138.41	15219.10

　　资料来源：原始数据来源于《中国农村统计年鉴》，经 EPS 数据库整理。然后根据碳排放系数计算得到。

第五节　农业经济对外开放程度演进趋势

　　外贸依存度是一个国家或地区对外贸易总额与国内生产总值的比重，外贸依存度越高，说明经济改革开放程度越高。农产品国际贸易结构一般用农产品外贸依存度度量。农产品外贸依存度是指一个国家或地区农产品生产和消费以来农产品国际贸易取得产销平衡的程度（李应中，2003）。农产品外贸依存度对于衡量一个国家或地区农业发展水平、依赖或参与国际贸易、融入世界经济发展的程度，是研究农业结构调整的重要指标。农产品外贸依存度可分为出口依存度和进口依存度。根据图4-7显示，改革开放以来，我国农产品进口依存度、农产品出口依存度和农产品外贸依存度从1978年的6.71%增长到2019年的26.21%，农业进出口贸易显著增加。其中，1978—2004年，农业外贸依存度小幅度波动缓慢增长，1978—2004年农业外贸依存度仅从6.71%增长到9.15%，农业进出口增长

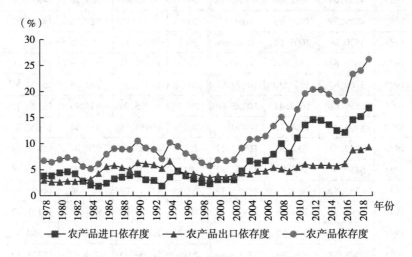

图4-7　中国农产品外贸依存度、进口依存度和出口依存度变化趋势

资料来源：原始数据来源于《中国农村统计年鉴》，经EPS数据库整理，农产品根据农产品外贸依存度=农业进口依存度+农产品出口依存度计算公式得到。

缓慢。2004 年以来，得益于对外开放政策和加入 WTO，农业进出口贸易得到快速增长，但 2008 年金融危机影响到农业进出口贸易，农产品进出口贸易额下降，不过 2010 年之后农业进出口贸易开始回升并保持在较高水平，2019 年一度达到 26.21%。其中，农业外贸依存度的增长主要依靠农业出口贸易的增加。虽然我国农业外贸依存度有所上升，依据图 4-8 显示，我国农业外贸依存度仍远低于世界平均水平。

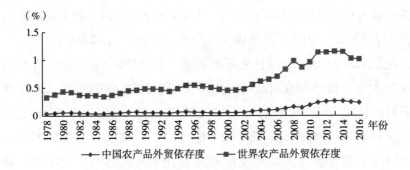

图 4-8　中国与世界农产品外贸依存度变化趋势

资料来源：原始数据来源于《国际统计年鉴》，经 EPS 数据库整理，根据农业外贸依存度=农业进出口总额/农林牧渔业总产值计算公式得到。

第六节　农业经济成果共享演进趋势

农业经济增长成果共享维度衡量农村居民人均财富的增加程度。经济增长的最终目的是增加社会福利水平和幸福指数，实现农业现代化。农村居民人均财富的增加有利于弱化二元经济结构，为高质量的农业经济发展营造良好的经济和社会环境。只有当农业经济发展的福利和成果分配被社会绝大多数共享时，才能进一步促进农业经济的健康和可持续发展。

一 福利分配变化

（一）城乡居民人均可支配收入变化

一般而言，人均收入的变化对食品需求量的影响会随着收入水平的变化产生不同的影响。食品作为生存必需品，在低收入阶段食品的购买要优于其他商品和服务的购买。随着收入的增加，食品消费支出的增长速度要低于收入的增长速度。也就是说，家庭消费总支出中食品消费支出所占比率会随收入的增加而逐渐减小，居民的恩格尔系数将下降。观察图4-9改革开放以来我国城乡居民人均可支配收入和恩格尔系数变化情况。1978年城镇居民人均可支配收入为343.40元，2019年城镇居民人均可支配收入为42358.80元，名义增长123.33倍，扣除价格因素影响，实际增长15.83倍，年均增长7.92%；1978年农村居民人均可支配收入为133.60元，2019年农村居民人均可支配收入为16020.70元，名义增长119.87倍，扣除价格因素影响，实际增长14.6倍，年均增长7.58%。1978—1994年，城乡居民人均可支配收入差距较小，1994—2008年，城乡居民人均收入差距逐渐扩大，2008年之后，城乡居民人均可支配收入差距加速扩大，城乡二元结构刚性加强。

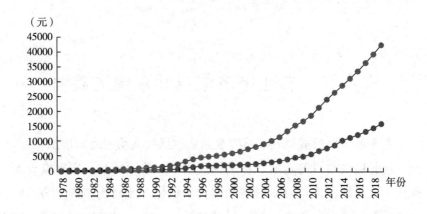

图4-9 历年城乡居民可支配收入变化趋势

资料来源：原始数据来源于《中国统计年鉴》，经 EPS 数据库整理得到。

（二）恩格尔系数变化

将影响食品需求量变化的两个因素相结合分时间段对中国的现实情况进行分析。我们按照人口自然增长率变化所分阶段，结合城乡居民人均可支配收入和恩格尔系数变化分析对食品需求量和农业生产的影响。根据图 4-10 显示，城乡居民恩格尔系数逐年下降，城镇居民家庭恩格尔系数由 1978 年的 57.50% 下降到 2019 年的 28.20%，农村居民的家庭恩格尔系数由 1978 年的 67.70% 下降到 2019 年的 30.00%。近 40 年间，城乡居民恩格尔系数均减少了一半甚至更多。

第一阶段，1978—1987 年人口处于以出生率波动增长为主导的阶段，以高生育率、低死亡率和高自然增长率为特征，人口自然增长率波动上升，对食品的需求量加大。同时，1978 年城镇人均可支配收入为 343 元，农村人均可支配收入为 134 元，1987 年城镇居民人均可支配收入为 1002 元，名义增长 2.90 倍，农村人均可支配收入为 463 元，名义增长 3.50 倍。扣除价格因素的影响，城镇居民人均可支配收入年均实际增长率为 8.78%，农村居民人均可支配收入年均实际增长率为 11.19%。总体来看，城镇和农村居民人均可支配收入都实现了较快速度的增长，农村居民人均可支配收入增长速度要快于城镇居民。可能的原因是，此阶段中国实行改革开放是以农村集体产权改革开始的，开始实施以家庭联产承包为主的责任制和统分结合的双层经营体制，并在价格、流通、粮食收储、市场等方面实施了一些有利于激发农民生产积极性的政策措施，极大地激励了农民的生产积极性，提高了农业生产效率。另外，1978 年城镇和农村居民恩格尔系数分别为 57.60% 和 67.70%，1987 年城镇和农村居民恩格尔系数分别为 53.50% 和 55.80%。此阶段，城镇和农村居民恩格尔系数分别下降了 4.10% 和 11.96%，农村居民恩格尔系数下降较快。总体来讲，按照世界粮食与农业组织（FAO）的标准（恩格尔系数在 30% 以下为最富裕，30%—40% 为富裕，40%—50% 为小康，50%—59% 为温饱，59% 以上为贫困），此阶段城镇和农村居民生活水平由 1978 年的接近贫困达到了温饱阶段，食品支出占家庭总支出的较大比例，对食品的需求数量较大。

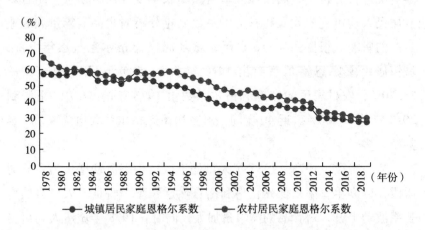

图 4-10　历年中国城乡恩格尔系数变化趋势

资料来源：原始数据来源于《中国统计年鉴》，经 EPS 数据库整理得到。

　　第二阶段，1988—2003 年人口处于以出生率大幅度下降为主导的阶段，以出生率和人口自然增长率大幅度下降、死亡率低水平波动为特征，人口数量增加对食品需求量的影响降低。同时，1988 年，城镇居民人均可支配收入为 1180 元，农村居民人均可支配收入为 545 元，2002 年城镇居民人均可支配收入为 7703 元，名义增长 6.50 倍，农村居民人均可支配收入为 2476 元，名义增长 4.53 倍。扣除价格因素的影响，城镇居民人均可支配收入年均实际增长率为 6.81%，农村居民人均可支配收入年均实际增长率为 4.29%。另外，1988 年城镇和农村居民恩格尔系数分别为 51.40% 和 54.00%，2002 年城镇和农村居民恩格尔系数分别为 37.70% 和 46.20%。此阶段，城镇和农村居民恩格尔系数分别下降了 13.70% 和 7.80%，城镇居民恩格尔系数下降较快。总体来讲，按照世界粮农组织（FAO）的标准，此阶段城镇居民生活水平已从温饱达到了富裕水平，农村居民生活水平也从温饱达到了小康水平，食品支出占家庭消费总支出的比重下降。此阶段，城乡居民对食品数量的需求下降，但对食品消费的营养均衡结构和质量的需求上升，可以通过城乡居民食品消费的结构数据进行说明。

第三阶段，2004 年以来人口处于以出生率大幅度下降为主导的阶段，以出生率和人口自然增长率大幅度下降、死亡率低水平波动为特征，人口数量增加对食品需求量的影响降低。同时，2003 年，城镇居民人均可支配收入为 8472.20 元，农村居民人均可支配收入为 2622 元，2019 年城镇居民人均可支配收入为 42359 元，名义增长 4.43 倍，农村居民人均可支配收入为 16021 元，名义增长 5.13 倍。另外，2003 年城镇和农村居民恩格尔系数分别为 37.10% 和 45.60%，2019 年城镇和农村居民恩格尔系数分别为 28.20% 和 30.03%。此阶段，城镇和农村居民恩格尔系数分别下降了 8.87% 和 15.56%，城镇居民恩格尔系数下降较快。总体来讲，按照世界粮农组织（FAO）的标准，此阶段城镇居民生活水平已达到了富裕水平，农村居民生活水平也已达到了小康水平，食品支出占家庭消费总支出的比重下降，农产品需求弹性小于 1。此阶段，城乡居民对食品数量的需求下降，但对食品消费的营养均衡结构和质量的需求上升，可以通过城乡居民食品消费的结构数据进行说明。总体而言，对维持基本生存需求的农产品的需求量是随着人口出生率的降低和人均收入的增加而逐渐下降的。

二　效益共享变化

农业现代化进程中，城镇化是衡量现代化程度的一项重要指标。表 4-10 显示，中国城镇化进程加速推进。1978 年中国城镇化率仅 17.90%，此时间欧盟、日本、韩国和美国的城镇化率分别为 68.35%、76.06%、53.23% 和 73.68%，中国远低于发达国家，也低于发展中国家印度的 22.38%。2015 年中国城镇化率已超过 50%，人均 GDP 超过 5000 美元，仍远低于发达国家城镇化率，仅相当于 1980 年的韩国。我国城镇化之后的原因一方面在于农村人口基数较大，城镇化压力较大。另一方面在于我国产业结构转型升级进程缓慢，具有较高弹性的服务业发展滞后,限制了对非农就业的吸收,妨碍了城镇化进程。

表 4-10　　　　　　　　　　城镇化率国际比较

年份	中国	欧盟	印度	日本	韩国	美国
1978	17.90	68.35	22.38	76.06	53.23	73.68
1980	19.36	68.94	23.10	76.18	56.72	73.74
1985	22.87	69.72	24.35	76.71	64.88	74.49
1990	26.44	70.49	25.55	77.34	73.84	75.30
1995	30.96	71.09	26.61	78.02	78.24	77.26
2000	35.88	71.56	27.67	78.65	79.62	79.06
2005	42.52	72.56	29.24	85.98	81.35	79.93
2010	49.23	73.71	30.93	90.52	81.94	80.77
2015	55.61	74.80	32.75	93.49	82.47	81.62

资料来源:原始数据来源于世界银行数据库。

第五章

农业高质量发展综合评价

推进农业高质量发展是实施乡村振兴发展战略的必然选择，是加强农业现代化、促进农业可持续发展的重大举措。促进农业高质量发展，转变农业发展方式主要包括两个方向，一是从主要依靠资源要素投入为主的外延式增长向主要依靠科技进步和创新、人力资本积累为主的内涵型增长转变；二是从主要依靠生产要素数量扩张，单纯追求数量增长的数量型增长向依靠提高生产要素有机构成和使用效率的集约型增长转变。传统农业经济增长水平的度量一般用农林牧渔业总产值或者第一产业产值指标，但农业高质量发展是一个综合性概念，农业高质量发展基本内涵既包括农业经济增长的数量产出，又包括对农业经济增长过程优劣和发展结果效益的研判，是从内在性质与规律上对农业经济发展进行刻画的，需要构建农业高质量发展指数进行度量。进一步，基于农业高质量发展理论框架的分析，我们可以认为，农业高质量发展问题本质上是资源环境约束下农业经济发展净收益最大化问题。

第一节　农业高质量发展指数的测度

对农业高质量发展的综合考察和评价最终要落脚到对农业高质量发展的综合系统性的定量测量上。第四章中通过选取部分具有代表性的指标对改革开放后农业经济发展的变动轨迹进行了粗略的描述统计和比较分析。本节在此基础上，进一步通过构建综合评价指标体系对农业高质量发展水平进行整体评价，定量测算全国和省级层面农业高质量发展的综合指数。

一　综合评价指标体系构建原则

在选取指标前需要对所要测度对象的内涵外延进行准确解析。为了使所构建的指标体系在理论与应用中具有价值，在构建指标体系前应遵循相应的原则。

（一）系统性原则

经济发展本身是一个庞大复杂的系统。农业作为国民经济发展重要的产业部门，其发展的过程和结果也是一个涉及不同地区、不同产业部门、不同经营主体，具有不同发展阶段和发展方式，并与资源环境和经济社会紧密关联的一个系统整体。因此，构建农业高质量发展评价体系，不能只考虑农业经济发展的某一个或某几个侧面，应充分包含农村地区经济社会的全面发展情况、公共基础设施的建设情况、农业生产方式的转变和环境质量情况、农村居民生产生活方式质量情况等。更应全面考虑到农业经济发展的创新性、协调性、绿色可持续发展性、对外开放水平和经济成果共享等特性，构建农业高质量发展评价指标体系应该能够全面反映农业经济发展的相关特性。

（二）典型性原则

由于农业经济高质量发展的内涵涉及的方面极其广泛，可能任何涉及农业经济发展的现象或因素都能直接或间接地反映农业经济发展的水平。因此，应如何选择指标及其代理变量才能尽可能最大化地反映出农业经济发展的质量，成为本书此阶段必须重点考虑和确保的问题。在构建指标体系的过程中，对于各维度的基础指标和代理指标变量的选择和确定贵在精确而不在数量的多寡。因此，所选取的各维度指标变量必须确保具有一定的典型代表性，一方面要能够尽量准确地反映出农业经济发展质量的综合特征；另一方面要避免指标过多造成不必要的干扰，进而为准确度量农业高质量发展水平奠定基础。

（三）准确性原则

准确性是农业高质量发展指标体系构建、测量和实证评价的前提。包括两个层次：一是指标变量选择的精准性。第一层次是要求所选择的代理指标变量能够准确反映出农业高质量发展的某一方面属性，并对各指标进行必要的解释说明。二是指标数据统计的精准性。第二层次是要求所获取的指标数据来源和数据统计的准确性，尤其是在数据收集和处理阶段，要准确说明数据来源、数据的处理方法和处理结果。

（四）动态性原则

由文献综述和理论基础的梳理可知，农业高质量发展是一个动态过程。而根据农业高质量发展理论基础和政策变迁的经验事实分析可以发现，影响农业经济发展质量的因素在不同的时间段或者地区对农业经济发展质量的影响方向和程度有所不同，所以需要通过一定时间和空间尺度的动态指标进行反映。因此，构建指标时要充分考虑到农业经济发展及其影响因素的动态性变化特点，数据指标的选择既要反映农业经济发展的数量，又要反映农业经济发展的过程动态变化和结果的动态影响。

（五）可行性原则

在构建指标体系时，要考虑到指标及其变量要通过某种数据形式表达出来，如果选择的某些指标虽然在理论上能够很好地解释农业高质量发展某一方面的特征，但在实际数据获取过程中存在困难，那么就表明该指标不具有可行性，这样的指标变量是不应该纳入指标体系范围内的。因此，对农业高质量发展指标评价体系指标变量的选取应尽量考虑到数据的可获取性。

（六）实用性原则

实用性是指农业高质量发展评价指标体系的指标构建和数据的选择，以及在实证分析后能够有效地指导实践。农业高质量发展评价指标体系作为一个综合性的指标体系，会从不同视角、不同尺度和不同分析维度选取指标和数据反映农业高质量发展的水平，这些指标数据的选取要注重与研究对象的结合度，因地制宜地进行筛选和构建，确保所构建的农业高质量发展评价指标体系在经过实证分析后能够有效地为政策实践提供参考。

二　综合评价指标体系建立

农业经济增长数量水平一般用农林牧渔业总值或者第一产业总产值进行度量，但农业高质量发展水平需要构建综合评价指标体系进行度量。本部分参考已有的国内外权威机构及学者所构建的测度农业经济发展质量指标体系和农业现代化指标体系的基础上，根据农业高质量发展内涵的界定和理论维度的构建，从农业经济发展的基础条件、农业经济发展过程的内在规律和结果的影响上对农业高质量发展进行刻画。主要包括创新、协调、绿色、开放和共享五个维度。效率、协调和开放三个维度主要反映农业经济发展过程的优劣程度；共享和绿色维度主要反映农业经济发展的经济效益、社会效益和生态环境效益。

维度一：创新维度。农业经济创新效率维度主要测量农业经济增长过程中的创新基础水平和要素投入产出关系。因此，应该选取农业生产要素投入和产出比率关系的相关指标。与农业经济创新基础密切相关的有劳动、资本投入和科技进步水平即机械化水平，与创新效率密切相关的是农业全要素生产率。因此，本书试图从这四个方面测度农业经济增长的效率。其中，农业机械化水平、农业财政投入占比和人力资本积累是单要素生产率，衡量的是农业劳动力、资本和科技进步情况，农业全要素生产率增长率衡量的是农业所有要素投入与产出之间的比率关系。农业全要素生产率、农业技术变动、农业技术效率变动通过 DEA-Malmquist 指数法进行测算，农业全要素生产率增长包含了远比科技进步更为丰富的内容，包括要素质量提高、资源配置优化、规模经济和专业化分工等。因此，全要素生产率增长经常被用来度量要素投入之外各种因素对产出增长的作用，而且各种制度变迁、人力资本、环境规制、产权变化等政策因素的作用，最终也都会体现在全要素生产率的变动上，农业全要素生产率变动又可分为农业技术变动、农业技术效率变动。全要素生产率的增长率常常被视为科技进步的指标，它的来源包括技术进步、组织创新、专业化和生产创新等。产出增长率超出要素投入增长率的部分为全要素生产率（TFP，也称总和要素生产率）增长率。农业机械化水平用农业机械总动力（千瓦时）表征；根据经济增长理论，短期内技术水平不变的情况下，经济增长依靠要素投入的增加，但要素投入对于经济增长的贡献率受制于边际报酬递减规律，会导致经济增长的不可持续。用农业财政投入占比反映政府对农业发展的资金支持力度，农业财政投入占比是指农林水务支出占一般性财务支出的比重。农业人力资本积累水平由农业科技人员占农林牧渔业从业人员的比重表征。

维度二：协调维度。本部分重点考察农业经济增长的宏观结构，包括产业结构和城乡二元结构两个方面。产业结构一般用农经占比、农业服务业占比、产业结构调整系数和产业融合度等指标表示，但是农业服务业占比和产业融合度指标由于数据可得性问题未纳入指标体系。因此，用农业产业结构调整指数进行表征。城乡二元结构用二元对比系数和二元反差指数进行表征（王颂吉、白永秀，2013）。

维度三：绿色维度。农业经济发展与生态环境的活动过程中包括资源的索取和环境的影响两个方面。自然资源一般包括土地资源、水资源、大气资源、矿产资源和森林资源等。环境影响一般包括大气污染、水污染和土壤退化，以及生物多样性的减少等。但在统计过程中有些指标无法获取，而且穷尽所有指标也没有必要，因此选取具有代表性的一些指标反映问题的总体状况即可。资源利用方面主要衡量指标包括耕地有效灌溉率、水土流失治理情况、森林覆盖率和农林牧渔增加值电力消耗；环境影响方面包括农业碳排放强度、化肥和农药使用强度等人为因素，以及农业成灾率等自然因素。

维度四：开放维度。农业对外开放水平由农产品外贸依存度表征，具体计算方式是农产品外贸依存度＝农产品进出口贸易方式总额或进出口量/农业总产值或总产量。其中，农产品进出口总额单位为千美元，乘以当年汇率除以1000，换算成亿元，GDP为当年价，GDP单位为亿元，用美元进行平减，消除价格因素的影响。

维度五：共享维度。只有当农业经济发展的福利和成果分配被社会绝大多数共享时，且农业现代化生产条件有所改善时，才能进一步促进农业经济的健康和可持续发展。成果共享维度主要包括福利分配和效益共享两个方面。有关农业的福利变化包括农村收入水平、劳动力受教育水平和公共卫生水平。有关农业效益共享包括恩格尔系数、城镇化率和城乡消费占比等指标，城乡居民人均消费比重则主要反映了城乡居民经济发展成果分配的公平性。农业高质量发展综合评价指标体系见表5-1。

表5-1　　　　　中国农业高质量发展综合评价指标体系

变量	维度层	要素层	代码	指标层	具体指标	属性
农业高质量发展	创新水平	创新基础	a1	农业机械化水平	农业机械化总动力（千瓦时）	正向
			a2	农业财政投入占比	农林水财政支出/财政支出（%）	正向
			a3	农业人力资本积累	农业科技人员占农林牧渔业从业人员比重（%）	正向
		创新效率	a4	农业全要素生产率增长率	DEA-Malmquist指数计算	正向
	协调水平	产业结构	b1	农业产业结构调整指数	1-（农业产值/农林牧渔总产值）（%）	正向
		城乡结构	b2	二元对比系数	第一产业比较劳动生产率/第二、第三产业比较劳动生产率（%）	正向

续表

变量	维度层	要素层	代码	指标层	具体指标	属性
农业高质量发展	绿色水平	资源利用	c1	节水灌溉比重	节水灌溉面积/有效灌溉面积（%）	正向
			c2	万元农业增加值电力消耗	电力能耗/农林牧渔增加值（千瓦时/万元）	负向
		环境影响	c3	农业碳排放强度	农业碳排放量/农业生产总值（吨碳/万元）	负向
			c4	化肥使用强度	化肥施用量/农作物总播种面积（吨/公顷）	负向
			c5	农药使用强度	农药使用量/农作物总播种面积（吨/千公顷）	负向
			c6	农业成灾率	成灾面积/受灾面积（%）	负向
	开放水平	对外开放水平	d1	农产品外贸依存度	农产品进出口总额/农林牧渔业总产值（万元）	正向
	共享水平	福利分配	e1	农村居民收入水平	农村人均可支配收入（元）	正向
			e2	农村劳动力受教育水平	农村劳动力平均受教育年限（年）	正向
			e3	公共卫生水平	每千农业人口乡村医生和卫生员数（人）	正向
			e4	恩格尔系数	农村居民家庭恩格尔系数（%）	负向
		效益共享	e5	城镇化率	城镇化率（%）	正向
			e6	城乡居民人均消费之比	城乡人均消费支出之比	负向

三 农业高质量发展研究方法

此部分主要对农业高质量发展综合评价指标体系的测度方法进行了说明。主要介绍了构建综合评价指标体系中各维度指数和综合指数权重赋予方法，主要对选取的 TOPSIS 熵权法进行了说明。

（一）农业高质量发展测度方法的选取

农业高质量发展评价指标体系作为多指标、多维度的综合评价指标体系，需要选取多指标综合评价方法将多项指标合成单一指数

进行考察。将多项指标综合成农业高质量发展综合指数，核心在于
对各项指标进行赋权，进而使用加权函数法获得农业高质量发展各
子系统指数和综合指数。赋权方法既包括主观赋权法（层次分析
法、相对指数法等），又包括客观赋权法（如因子分析法、主成分
分析法、熵值法等）。经过文献综述的比较分析，TOPSIS熵权法作
为一种客观赋权方法在综合评价指标体系赋权中得到了广泛的使用
（任保平，2018；何红光等，2018）。TOPSIS熵权法是一种客观赋
权的指数合成方法，根据信息"熵"值的大小计算确定各基础指标
的权重，即根据各项指标的初始值的差异程度来确定单个基础指标
的权重。从而可以通过熵值信息大小获取相关性指标的权重从而将
相关性指标约化为一个综合指数，实现了在保留原有数据信息量的
基础上对统计数据进行有效简化的目的。而且相对于因子分析法、主
成分分析法等，采用TOPSIS熵权法可以获取农业高质量发展各维度
子系统指数量化结果，基于TOPSIS熵权法所形成的权重结构可以充
分反映农业高质量发展各维度基础指标对于形成综合指数的贡献程度
大小，为下一步农业高质量发展的路径机制和对策选择提供经验参
考。因此，采用TOPSIS熵权法确定基础指标的权重进而合成各维度
指数，在进一步合成农业高质量发展综合指数是合适的。运用TOP-
SIS熵权法对农业高质量发展指标变量进行赋权，并计算相应的系统
指数。TOPSIS的熵权法的主要步骤如下：

第一步，将原始数据进行矩阵归一化。构建农业高质量发展评
价指标体系，设有m个研究对象和n个评价指标的原始数据矩阵为
$A=(x_{ij})_{m\times n}$，对其进行归一化后得到$R=(x'_{ij})_{m\times n}$。因为评价指标
体系中的基础指标含有正向和负向不同属性，而且具体的代理指标
变量之间也存在量纲差异性问题，因此，基础指标之间缺乏可比
性，因此需要采用极差标准化方法对原始数据进行标准无量纲化处
理，从而消除量纲数据对评价结果的影响，使基础指标之间具有可
比性。正向指标和负向指标标准化公式如下：

正向指标：$x'_{ij}=(x_{ij}-\min x_j)/(\max x_j-\min x_j)$ (5-1)

负向指标：$x'_{ij} = (\max x_j - x_{ij})/(\max x_j - \min x_j)$　　　　　(5-2)

其中，x_{ij} 为第 i（i = 1，2，3，…，m）个评价单元的第 j 项指标的实际观测值，x'_{ij} 为相应评价单元正向和负向标准化值，$\max x_j$ 和 $\min x_j$ 分别为第 j 项指标的最大值和最小值。

第二步，定义熵值。在 m 个研究对象 n 个评价指标的农业高质量评价体系中，第 j 个指标的熵为 $h_j = -k \sum_{i=1}^{m} f_{ij} \ln f_{ij}$，其中，$f_{ij} = x'_{ij} / \sum_{i=1}^{m} x'_{ij}$，$k = 1/\ln m$（当 $f_{ij} = 0$ 时，$f_{ij} \ln f_{ij} = 0$）。

第三步，定义熵权。定义第 j 个指标的熵值之后，可以得到第 j 个指标的熵权：

$$w_j = \frac{1 - h_j}{n - \sum_{j=1}^{n} h_j} (0 \leqslant w_j \leqslant 1, \sum_{j=1}^{n} w_j = 1)$$　　　　(5-3)

第四步，计算农业高质量发展各维度指数和综合指数。公式为：

$$g_i = \sum_{j=1}^{n} x_{ij} w_{ij}$$

其中，g_i 为第 i 个地区农业高质量发展综合指数。

（二）数据来源与处理

农业高质量发展指数各指标所使用的数据源于《中国统计年鉴》、《中国农村统计年鉴》、《中国农业统计资料汇编》、《新中国六十年统计资料汇编》、《中国能源统计年鉴》、《历史的跨越——农村改革开放 30 年》和《中国国内生产总值核算历史资料》等相关统计年鉴，为剔除价格因素的影响，本书中所涉及的如农林牧渔业增加值等指标采用以 1978 年为基期的各类价格指数进行平减。由于农业高质量发展指标评价体系存在多项基础指标，因此在进行测算之前处理以下问题：一是缺失值处理。本书采用线性回归的方法，依据已有数据对缺失数据进行填补。二是方向一致性和数据标准化。综合指标中包含正向和负向不同的指标，采用极差标准化方法将指标方向同向化并标准化。全国和各省级层面农业高质量发展水平测度所使用的数据均是面板数据。

第二节　全国农业高质量发展
测度及结果分析

　　首先对全国农业高质量发展基础指标权重基于 TOPSIS 熵权法进行确定，并合成农业高质量发展各子维度指数，然后采取同样的方法合成农业高质量发展综合指数。中国农业高质量发展的基础指标及子维度权重见表5-2。

表 5-2　　　　全国农业高质量发展基础指标及各维度权重

维度层	维度权重	基础指标层	指标权重
创新	0.21	a1	0.07
		a2	0.04
		a3	0.06
		a4	0.04
协调	0.06	b1	0.03
		b2	0.03
绿色	0.29	c1	0.07
		c2	0.02
		c3	0.02
		c4	0.08
		c5	0.07
		c6	0.03
开放	0.08	d1	0.08
共享	0.36	e1	0.1
		e2	0.04
		e3	0.04
		e4	0.05
		e5	0.09
		e6	0.04

　　由中国农业高质量发展基础指标和维度指数权重可知，农业高
质量发展创新、协调、绿色、开放和共享维度指数权重分布不均
衡。共享维度权重最高为 0.36，绿色维度权重次之为 0.29，然后是
创新维度为 0.21，协调和开放维度权重分别为 0.06 和 0.08。说明
我国农业高质量发展的变动更多地体现在农业创新效率、绿色发展
和共享水平的变化上。从各维度基础指标方面，创新维度的农业机
械化水平、农业人力资本积累水平和全要素生产率；绿色维度的节
水灌溉比重、化肥和农药使用强度；开放维度的农产品外贸依存
度；共享维度的农村家庭恩格尔系数、城镇化率对农业高质量发展
指数贡献较大。

表 5-3　　全国农业高质量发展综合指数测度结果及变化趋势

年份	创新维度	协调维度	绿色维度	开放维度	共享维度	综合指数
1978	0.04	0.01	0.17	0.01	0.03	0.25
1979	0.08	0.02	0.17	0.01	0.04	0.31
1980	0.05	0.02	0.16	0.01	0.05	0.28
1981	0.06	0.02	0.16	0.01	0.06	0.30
1982	0.06	0.03	0.16	0.01	0.06	0.31
1983	0.05	0.03	0.17	0.00	0.07	0.32
1984	0.05	0.04	0.16	0.00	0.06	0.31
1985	0.03	0.04	0.16	0.00	0.05	0.28
1986	0.04	0.04	0.15	0.01	0.05	0.29
1987	0.04	0.04	0.15	0.02	0.06	0.30
1988	0.05	0.04	0.15	0.01	0.06	0.31
1989	0.04	0.04	0.14	0.01	0.06	0.29
1990	0.05	0.04	0.15	0.02	0.06	0.32
1991	0.04	0.03	0.14	0.02	0.06	0.29
1992	0.05	0.03	0.14	0.01	0.06	0.29
1993	0.05	0.03	0.14	0.01	0.07	0.30
1994	0.07	0.04	0.13	0.02	0.08	0.32
1995	0.06	0.04	0.13	0.02	0.09	0.33

续表

年份	创新维度	协调维度	绿色维度	开放维度	共享维度	综合指数
1996	0.06	0.04	0.13	0.01	0.10	0.34
1997	0.05	0.04	0.11	0.01	0.11	0.32
1998	0.05	0.04	0.12	0.00	0.11	0.32
1999	0.05	0.03	0.11	0.00	0.11	0.31
2000	0.06	0.03	0.11	0.01	0.11	0.31
2001	0.06	0.03	0.11	0.01	0.12	0.32
2002	0.07	0.02	0.11	0.01	0.11	0.31
2003	0.07	0.03	0.10	0.02	0.11	0.32
2004	0.09	0.03	0.11	0.02	0.11	0.37
2005	0.08	0.03	0.10	0.02	0.11	0.34
2006	0.09	0.03	0.09	0.02	0.12	0.34
2007	0.11	0.03	0.09	0.03	0.13	0.39
2008	0.12	0.02	0.10	0.04	0.18	0.46
2009	0.13	0.03	0.10	0.03	0.19	0.48
2010	0.14	0.03	0.10	0.04	0.20	0.52
2011	0.14	0.04	0.11	0.06	0.22	0.57
2012	0.15	0.04	0.10	0.06	0.24	0.59
2013	0.16	0.04	0.10	0.06	0.26	0.62
2014	0.16	0.05	0.10	0.06	0.28	0.65
2015	0.17	0.05	0.10	0.05	0.30	0.67
2016	0.17	0.05	0.11	0.05	0.31	0.70
2017	0.15	0.05	0.12	0.07	0.33	0.72
2018	0.16	0.04	0.14	0.07	0.35	0.76
2019	0.17	0.05	0.16	0.08	0.36	0.81

由表 5-3 可知，1978 年以来中国农业高质量发展整体呈波动上升趋势。我国农业高质量发展指数从 1978 年的 0.25 上升至 2019 年的 0.81，上升幅度为 0.56。从具体维度来看，创新维度、共享维度均呈波动上升趋势。其中，共享维度上升幅度最大，从 1978 年的 0.03 上升到 2019 年 0.36，上升幅度高达 0.33，对农业高质量发展

的贡献度最大。创新效率维度上升幅度次之，从 1978 年的 0.04 上升到 2019 年的 0.17，上升幅度高达 0.13，对农业高质量发展的贡献度次之。协调和开放维度呈扁平"S"形波动上升趋势。协调维度总体波动幅度较小，最大值是 2019 年的 0.05，最小值是 1978 年的 0.01，两者的波动差值为 0.04。绿色维度呈波动下降再上升趋势。从 1978 年的 0.17 下降到 2006 年的 0.09，然后又波动上升到 2019 年的 0.16。从 1978 年到 2019 年，各维度对农业高质量发展的贡献度排序也发生了变化，1978 年绿色维度对农业高质量发展的贡献度最大，2019 年变成共享维度排序第一，创新维度的贡献度也超过了绿色维度的贡献度。

为进一步深入分析农业高质量发展的演进轨迹，将农业高质量发展总指数和各维度指数绘制于图 5-1 中。总体上看，农业高质量发展 5 个维度的变化趋势呈现较大差异，中国农业高质量发展是在 5 个维度复杂的相互作用下，由低水平向高水平不断波动演进的。

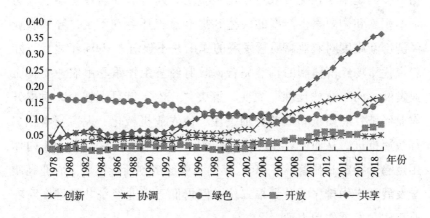

图 5-1 历年全国农业高质量发展各维度变化趋势

从农业经济创新维度看，该维度权重为 0.21，居于各维度权重的第三位，是影响农业高质量发展的重要维度。观察该维度基础指标的权重可知，农业机械化水平权重最大，为 0.07，农业人力资本积累的权重次之，为 0.06。说明农业经济创新维度的变动主要是由农业机械化和农业人力资本积累水平波动引起的。1978—2004 年，农业经济创新效率处于低水平波动上升状态，1979 年、1994 年和 2004 年是该时期内农业经济效率的三个极大值点，其他时期均处于小幅度波动上升和下降过程中。由于这一时期农业经济创新效率处于低水平波动上升趋势，所以这一时期农业经济创新维度对农业高质量发展水平的提升作用极为有限。自 2004 年开始，农业经济创新水平总体呈波动上升趋势，从 2004 年的 0.09 波动上升到 2016 年的 0.17。2017 年有所下降，2019 年又实现了上升。对比 1978—2004 年和 2004—2019 年两个阶段，虽然 1978—2004 年农业经济创新效率虽然一直存在起伏，但波动幅度和波动频率均小于 2004—2019 年，2004 年之后农业经济创新效率呈显著上升趋势，说明 2004 年之后农业经济创新维度对农业高质量发展的正向作用开始显现。总体来看，在改革开放初期，由于频繁的农村制度改革引发的改革动荡更多的是集中在提升农业产出数量上，对于农业科技进步、人力资本积累和全要素生产率的关注和提升意识还存在不足，导致农业经济创新维度对农业高质量发展的作用并不显著。2004 年之后，随着现代市场经济体制的日益完善，政府经济工作重心由农业支持工业发展，向工业"反哺"农业，解决"三农"问题上转变，对提升农业经济发展质量和效益更加关注，使农业机械化、人力资本积累等快速推进，从而使农业经济创新效率对农业高质量发展的正向作用也趋于稳定和显著，在 2006 年，农业经济创新维度对于农业高质量发展的作用排序上升到第二位，但仍低于农业经济共享维度对农业高质量发展作用力度。

从农业经济协调维度看，该维度权重为 0.06，居于各维度权重最后一位，是对农业高质量发展影响较小的维度。观察该维度基础指标权重可知，农业产业结构调整系数和二元对比系数权重分别为 0.03 和 0.03。说明农业经济协调维度的变动受农业产业结构调整系数和二元对比系数的变动影响程度相差不大。1978—2019 年农业经济协调维度总体呈小幅度上升趋势。1978—1984 年，农业经济协调指数波动上升。1978 年的农业经济协调指数为 0.01，1984 年的经济协调指数为 0.04，改进幅度为 0.03，有较大的改进幅度。根据这一时期各项基础指标数据可以发现，农业产业结构调整系数的变动幅度较为明显。1984—2002 年，农业经济协调指数处于小幅度波动下降状态，从 1984 年的 0.04 快速下降到 2002 年的 0.02，降幅达 0.02。这一时期二元经济结构刚性波动上升，农业产业结构调整系数波动下降，对农业经济协调性的抑制作用凸显，使农业经济协调指数出现波动下降。2002—2019 年农业经济协调指数波动上升，从 2002 年的 0.02 增长为 2019 年的 0.05，增幅达 0.03。总体来讲，农业经济协调维度对于农业高质量发展的作用是呈先抑制后促进作用的。总体而言，我国农业经济协调维度存在产业结构层次低、农业财政投入占比逐渐增大但效率不高和城乡二元经济结构刚性有强化趋势的结构性失衡问题。

从农业经济绿色维度看，该维度的权重是 0.29。总体来看，农业经济绿色维度对农业高质量发展的贡献度呈 "U" 形趋势。以 2006 年为时间拐点。1978—2006 年，农业经济绿色维度呈波动下降态势，从 1978 年的 0.17 下降到 2006 年的 0.09，下降幅度达 0.08。2007 年开始，农业经济绿色维度对农业高质量发展的贡献度缓慢上升。从该维度基础数据权重看，当前化肥施用强度、农药使用强度和节水灌溉比重对农业绿色发展的作用力居前三位，分别为 0.08、0.07 和 0.07，说明化肥施用强度、农药使用强度和节水灌溉比重变动主要影响了农业经济绿色指数的变动。

从农业经济开放维度来看，该细分维度的权重为 0.08，居第四位，该维度只有一个代理指标，即农业外贸依存度，对农业高质量发展的贡献度呈波动上升趋势，但贡献度与创新、绿色和共享维度相比来说相对有限。观察该维度基础指标权重发现，1978—1999 年，农业对外开放水平波动幅度较小，在该时间段内农业对外开放维度最低值是 1984 年的 0.00，最大值为 1990 年的 0.02，波动幅度差值达 0.02。2000—2019 年农业经济开放维度呈现出相对明显的波动上升态势，在此时间段，我国加入 WTO，现代化经济体制机制和宏观调控机制的不断完善，国家宏观调控稳定经济运行的能力不断提高，农业对外开放水平不断提高。但总体来讲，农业对外开放水平对农业高质量发展水平的提升没有明显的作用，农业实现高水平对外开放还需要一定的时间。

从农业经济共享维度看，该维度权重为 0.36，居于首位。1978—2019 年农业经济共享维度呈反"L"型上升趋势。观察该维度具体指标权重可知，农村收入水平和城镇化率权重分别为 0.13 和 0.09，然后是恩格尔系数权重为 0.05，农村劳动力受教育水平、公共卫生水平和城乡居民人均消费占比的权重分别为 0.04、0.04 和 0.04。说明农业经济共享维度的变动主要是由农村居民收入水平和城镇化率的变动引起的。1978—1992 年农业经济共享指数呈缓慢增长态势，对农业高质量发展的贡献度远低于农业经济绿色维度，这一时期城镇化率处于低水平，农村居民人均可支配收入也在低位徘徊。1993—2008 年，农业经济共享维度呈小幅度波动上升态势，从 1992 年的 0.06 增加到 2008 年的 0.13，增长幅度达 0.07。这一时期随着一系列惠农政策的实施和现代化经济体制的完善，农村居民可支配收入有明显增加，城镇化也加速进行。2009—2019 年农业经济共享维度呈加速上升态势，从 2008 年的 0.13 上升到 2019 年的 0.36，增长幅度达 0.23。总体上看，农业经济共享维度对农业高质量发展呈正向的促进作用，从 2006 年农业经济共享维度对农业高质量发展的贡献度超过农业经济绿色维度跃居第一位。

以上的分析说明，1978—2019 年，农业高质量发展水平呈"低水平波动上升—快速稳定上升"趋势。农业高质量发展的 5 个维度对农业高质量发展具有明显不同的贡献程度，且具有阶段性特征。1978—1998 年，对农业高质量发展贡献度较大的主要是绿色维度，然后是共享维度、创新维度和协调维度贡献度相仿，开放维度贡献度最低。1999—2017 年各维度对农业高质量发展的作用趋势又可分为两个阶段。第一阶段，1999—2006 年，农业经济共享维度和绿色维度对农业高质量发展的贡献度相差不大，农业经济创新维度对农业高质量发展的作用呈持续上升趋势。协调维度和开放维度对农业高质量发展的贡献度仍是低位徘徊。第二阶段，2007—2019 年，共享维度对农业高质量发展的贡献度跃居首位，且远超过其他维度的贡献度，农业经济创新维度对农业高质量发展的贡献度持续增加，绿色维度对农业高质量发展的贡献度有所回升。协调和开放维度对农业高质量发展的作用仍处于较低水平。

第三节　省份农业高质量发展测度及空间异质性分析

对省级层面农业高质量发展水平进行测度。本小节对 1998—2019 年 31 个省份（直辖市）的农业高质量发展水平进行了测算，并根据测算结果对省级层面农业高质量发展进行分类，并论述区域农业高质量发展的战略重点。

一　省级层面农业高质量发展的测评结果及异质性分析

首先对省份农业高质量发展基础指标权重基于 TOPSIS 熵权法进行确定，并合成农业高质量发展各子维度指数，然后采取同样的方法合成农业高质量发展综合指数。省份农业高质量发展的基础指标及子维度权重见表 5-4。

表 5-4　　省份农业高质量发展基础指标及各维度权重

维度层	维度权重	基础指标层	指标权重
创新	0.20	a1	0.05
		a2	0.05
		a3	0.05
		a4	0.05

续表

维度层	维度权重	基础指标层	指标权重
协调	0.10	b1	0.05
		b2	0.05
绿色	0.33	c1	0.06
		c2	0.06
		c3	0.05
		c4	0.05
		c5	0.06
		c6	0.05
开放	0.05	d1	0.05
共享	0.32	e1	0.05
		e2	0.06
		e3	0.06
		e4	0.05
		e5	0.05
		e6	0.05

由省份农业高质量发展基础指标和维度指数权重可知，创新、协调、绿色、开放和共享维度指数权重分布不均衡。绿色维度权重最高为 0.33，共享维度权重次之为 0.32，然后是创新维度为 0.20，协调和开放维度分别为 0.10 和 0.05。说明我国农业高质量发展的变动更多地体现在共享和绿色维度的变化上。表 5-5 展示了 31 个省份以及东部、中部、西部和东北地区 1998—2019 年农业高质量发展综合指数的均值。

表 5-5　省份和地区农业高质量发展综合指数测度结果汇总

省份	创新维度	协调维度	绿色维度	开放维度	共享维度	综合指数
北京	0.06（11）	0.05（5）	0.23（8）	0.02（19）	0.19（1）	0.55（1）
天津	0.04（30）	0.04（19）	0.24（3）	0.02（25）	0.18（5）	0.51（12）
河北	0.07（5）	0.04（17）	0.23（9）	0.02（12）	0.17（7）	0.53（3）

续表

省份	创新维度	协调维度	绿色维度	开放维度	共享维度	综合指数
山西	0.06（20）	0.02（28）	0.23（12）	0.02（14）	0.16（14）	0.48（21）
内蒙古	0.07（6）	0.04（20）	0.23（18）	0.02（2）	0.15（16）	0.51（9）
辽宁	0.05（22）	0.05（3）	0.23（22）	0.02（10）	0.17（9）	0.52（7）
吉林	0.07（9）	0.05（7）	0.22（24）	0.02（11）	0.16（13）	0.51（11）
黑龙江	0.08（3）	0.04（22）	0.23（7）	0.02（6）	0.17（10）	0.53（5）
上海	0.05（26）	0.04（18）	0.23（14）	0.02（7）	0.19（2）	0.51（8）
江苏	0.06（16）	0.04（13）	0.23（11）	0.02（29）	0.18（3）	0.53（4）
浙江	0.05（24）	0.05（6）	0.24（2）	0.016（26）	0.17（8）	0.52（6）
安徽	0.07（18）	0.04（10）	0.23（13）	0.02（24）	0.15（18）	0.50（17）
福建	0.04（28）	0.06（2）	0.22（29）	0.02（21）	0.15（20）	0.48（22）
江西	0.05（21）	0.05（4）	0.23（15）	0.02（5）	0.15（17）	0.51（13）
山东	0.08（1）	0.04（21）	0.23（17）	0.03（1）	0.18（4）	0.54（2）
河南	0.07（8）	0.03（25）	0.22（23）	0.02（3）	0.17（6）	0.51（10）
湖北	0.05（25）	0.04（16）	0.22（27）	0.02（20）	0.16（12）	0.49（19）
湖南	0.06（15）	0.04（15）	0.23（19）	0.02（8）	0.16（11）	0.50（15）
广东	0.03（31）	0.04（12）	0.22（26）	0.02（30）	0.16（11）	0.47（23）
广西	0.05（23）	0.04（14）	0.22（25）	0.02（22）	0.14（23）	0.47（24）
海南	0.05（27）	0.07（1）	0.20（31）	0.02（13）	0.13（26）	0.46（25）
重庆	0.04（29）	0.03（23）	0.23（20）	0.02（17）	0.14（24）	0.46（27）
四川	0.06（17）	0.04（9）	0.23（6）	0.02（23）	0.15（19）	0.50（16）
贵州	0.06（19）	0.02（27）	0.23（5）	0.02（15）	0.12（29）	0.44（30）
云南	0.06（12）	0.03（24）	0.23（21）	0.02（16）	0.12（30）	0.46（28）
西藏	0.06（13）	0.04（11）	0.20（30）	0.02（28）	0.08（31）	0.42（31）
陕西	0.06（14）	0.02（30）	0.22（28）	0.02（18）	0.15（22）	0.46（26）
甘肃	0.07（10）	0.01（31）	0.23（10）	0.01（31）	0.13（27）	0.45（29）
青海	0.07（7）	0.05（8）	0.23（4）	0.02（27）	0.12（28）	0.50（18）
宁夏	0.08（4）	0.03（26）	0.23（16）	0.02（5）	0.14（25）	0.49（20）
新疆	0.08（2）	0.02（29）	0.24（1）	0.02（4）	0.15（21）	0.51（14）
东部地区	0.07（3）	0.03（2）	0.05（1）	0.07（1）	0.09（1）	0.31（1）
中部地区	0.07（2）	0.02（3）	0.04（4）	0.01（4）	0.06（4）	0.20（3）
西部地区	0.06（4）	0.02（4）	0.05（2）	0.01（3）	0.06（3）	0.20（4）
东北地区	0.09（1）	0.03（1）	0.05（3）	0.01（2）	0.07（2）	0.24（2）

资料来源：括号内为某省份和地区 1998—2019 年农业经济创新、协调、绿色、开放、共享和农业高质量发展指数均值的排名。

根据表 5-5 所示结果，1998—2019 年各省份农业高质量发展综合指数及各项细分指数平均值方面存在很大差别。农业高质量发展综合指数最高的是北京，最低的是西藏，差值达 0.13。具体而言，农业经济创新维度，平均值排名第 1 位的是山东，为 0.08，排名第 31 位的是广东，为 0.03，差值达 0.05。地区之间和地区内部各省份之间的农业经济创新指数均值也存在较大差异。农业经济创新指数均值得分最高的在东北地区 0.09，最低在西部地区 0.06，差值为 0.03。农业经济协调维度平均值最大的地区是海南，为 0.07，最低的是甘肃 0.01，省份差值达 0.06。区域间得分最高的是东北地区 0.03，最低的是西部地区 0.02，差值达 0.01。省份间均值得分要大于区域间均值得分。农业经济开放维度，平均值排名第 1 的是山东 0.03，最低的是甘肃 0.01，差值为 0.02。区域间得分最高的是东部地区为 0.07，最低的是中部地区 0.01。农业经济共享维度均值排名第 1 位的是北京为 0.19，最低的是西藏 0.08，省份间差值高达 0.11。是各维度均值得分中省域间差距最大的维度。农业经济绿色维度均值排名第 1 的是新疆为 0.24，最低的是海南为 0.20，差值为 0.04。总体而言，四大区域之间、内部，以及各省份农业高质量发展指数和细分维度指数均值存在较大差异，每个省份的优势和"短板"不尽相同，应根据各地区实际情况制定适宜的农业高质量发展战略。

二 省级层面农业高质量发展的分类及战略重点

根据第二节省级层面农业高质量发展综合指数和细分维度指数将省份划到为两个梯度和 6 个不同的类别，针对不同分组，提出有针对性的农业高质量发展战略。根据省份农业高质量发展综合指数均值测评结果，1998—2019 年 31 个省份（直辖市）农业高质量发展综合指数超过均值（大于 0.49）的共计 18 个省份。农业高质量发展综合指数低于均值（小于 0.49）的省份有 13 个。第一梯队在四大区域均有分布，东部地区省份占 7 个，中部地区省份占 4 个，西部地区省份占 4 个，东北地区 3 个省份均在第一梯队。第二梯队主要分布在西部地区。总体而言，东部地区省份农业高质量发展的优势相对较强，东北地区和中部地区次之，西部地区相对缺乏优势。

表5-6已经根据1998—2019年省份农业高质量发展经济效率维度指数平均值情况，将31个省份划归为高于均值组和低于均值组，以便分析区域农业高质量发展的差异化战略。进一步在农业高质量发展综合指数均值划分的基础上，根据省份农业高质量发展五大细分维度得分均值再进行类别细分。农业经济创新维度，将均值得分大于0.06的省份划入高水平组，共有14个省份，主要分布在东部和东北地区；小于0.06的为低水平组，共有17个省份，集中分布在西部地区。农业经济协调维度，大于0.04的为高水平组，有20个省份，主要分布在东部地区、东北地区和中部地区；0.04以下的为低水平组，有11个省份，主要分布在西部地区。农业经济绿色维度，将大于0.23的省份划入高水平组，有22个省份，集中在东部和中部地区，小于0.23的为低水平组，有9个省份，集中在西部地区。农业经济开放维度，大于0.02的为高水平组，有16个省份；小于0.02的为低水平组，包括15个省份，主要集中在中部和西部地区。农业经济共享维度，将大于0.15的省份划入高水平组，有17个省份，各区域均有分布；小于0.15的为低水平组，有14个省份。

表5-6 以农业高质量发展综合指数均值分组成员四区分布情况

地区	第一梯队高于均值组（大于0.49）	第二梯队低于均值组（小于0.49）
东部	北京、山东、河北、江苏、浙江、上海、天津	福建、广东
中部	河南、江西、安徽、湖南	山西、湖北
西部	内蒙古、新疆、四川、青海	宁夏、广西、海南、重庆、陕西、云南、甘肃、贵州、西藏
东北	辽宁、黑龙江、吉林	—

进一步，根据农业将省份划到6个不同的类别，如表5-7所示。第一梯队全维支撑型是指某省份农业高质量发展综合指数处于

第一梯队，且其各项细分维度指数均值得分均处于各细分维度高水平组。包括北京、上海、浙江和山东，占比为 12.9%。第一梯队单维约束型是指某省份农业高质量发展综合指数处于第一梯队，其细分维度指数均值在单一维度得分处于均值水平以下分组，其他细分维度均值得分仍在高水平组，包括江苏、辽宁、吉林、河南、湖南，占比为 16.13%。第一梯队多维约束型是指某省份农业高质量发展综合指数处于第一梯队，其细分维度指数均值有多项细分维度得分处于低水平分组。包括天津、内蒙古、新疆、四川、青海、黑龙江、江西、安徽，占比为 25.81%。第二梯队单维约束型是指某省份农业高质量发展综合指数处于第二梯队，其细分维度指数均值有单一细分维度得分处于低水平以下分组，其他细分维度均值得分仍在高水平组，包括山西、河北、湖北、广东、福建、重庆，占比为 19.35%。第二梯队多维约束型是指某省份农业高质量发展综合指数处于第二梯队，其细分维度指数均值有多项细分维度得分处于低水平分组。包括宁夏、广西、海南、陕西、云南、甘肃、贵州、西藏，占比为 25.81%。针对不同分组，因此应有针对性选择差异化的农业高质量发展战略。

表 5-7　　　　省份农业高质量发展分类及战略重点

农业高质量发展水平	类型	区域	特征及战略重点
第一梯队	全维支撑型	北京、上海、浙江、山东	引领作用，是农业高质量发展的"排头兵"和参照目标系
	单维约束型	江苏、辽宁、吉林、河南、湖南	精准弥补区域农业高质量发展的短板为前提，在平衡各维度的基础上促进区域农业高质量发展
	多维约束型	天津、内蒙古、新疆、四川、青海、黑龙江、江西、安徽	在保持良好维度的前提下，重视多维度的制约作用，在全面弥补短板的同时，稳步促进农业高质量发展

续表

农业高质量 发展水平	类型	区域	特征及战略重点
第二梯队	单维约束型	山西、河北、湖北、广东、福建、重庆	农业经济发展各维度整体水平较低，在精准补缺绝对"短板"的同时，尽快提高农业高质量发展整体水平
	多维约束型	宁夏、广西、海南、陕西、云南、甘肃、贵州、西藏	农业高质量发展难度较大，应制定长期的发展战略，尽力弥补多维度条件不足，尽力推动农业高质量发展

第六章

农业高质量发展耦合度和障碍度分析

　　农业高质量发展是一个综合性概念，一方面，农业经济创新、协调、绿色、开放和共享 5 个维度各自具有相对独立的演化规律；另一方面，5 个维度之间又存在复杂的相互联系。因此，对于农业高质量发展各维度的研究应突破单一维度研究视角，从系统论的角度对 5 个维度的非线性关系进行研究更具有理论和现实价值。同时，农业高质量发展既有协调促进因素，也具有障碍制约因素。因此，本章在农业高质量发展综合评价的基础上，结合之前章节的理论研究和现实探索，第一节尝试从系统耦合的视角构建农业高质量发展各维度关系的研究框架。从而深入阐释农业高质量发展各维度的耦合协调逻辑机理。第二节构建耦合协调度模型和障碍因子诊断模型。第三节对农业高质量发展进行耦合协调测度评价。第四节对农业高质量发展进行障碍因子诊断。

第一节　农业高质量发展系统耦合逻辑分析

　　"耦合"是指两个或两个以上个体或系统之间的相互影响和紧密连接，并相互作用和影响的现象，反映的各个维度之间非线性、非均衡的动态关联特征。最早出现"耦合"概念的是在物理学领域，后来被延伸到系统论领域，逐渐在从生态系统、气象系统、农业系统等领域延伸到组织管理学、产业经济学、创新生态系统等领域。当前，在经济学领域主要应用在经济增长与生态环境保护之间的协调发展关系问题上，随着跨学科交叉研究的相互影响和不断研究完善，系统耦合理论已经广泛应用于经济管理学的理论和实践研究中。

一　农业高质量发展耦合关系的确立

农业高质量发展各维度系统耦合分析框架的建立要依据各维度之间的逻辑关系。从系统论的角度来讲，农业高质量发展是具有多层次、多维度和多功能的复合系统。可以将农业经济创新、协调、绿色、开放和共享五个维度分别看作农业高质量发展动态变化过程中呈现出的系统特定方面的功能和特征。农业经济创新、协调和开放体现了农业高质量发展的过程特征，农业经济绿色和共享体现了农业高质量发展产生的经济—社会和生态环境影响的特征。农业高质量发展 5 个维度之间具有一定的关联关系，在保持各自特定要素构成和特征的基础上，向高度协调统一的复合系统演化。

其中农业经济创新维度是由创新基础和创新效率构成的，有资本、劳动力和科技进步等要素相互作用形成，农业经济协调维度由产业结构和二元结构构成，并共同决定协调维度的整体质量状态，农业经济绿色维度由资源利用和环境影响构成，由节水灌溉、电耗、化肥、农药、碳排放和成灾率等要素构成并相互影响，农业经济开放维度关键在于农产品的外贸依存度，农业经济共享维度由成果共享和福利分配构成，受到农村居民可支配收入、受教育水平、公共卫生水平、城镇化率等因素的影响。在此基础上，农业高质量发展五个维度之间的关系可以引申为农业高质量发展的系统耦合关系，见图 6-1。

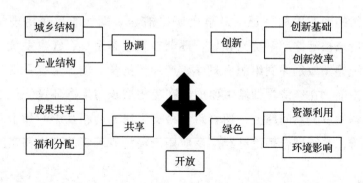

图 6-1　农业高质量发展各维度耦合关系

耦合协调理论的基本原理表明，系统耦合存在两种作用机制，一方面是通过各维度和各构成要素功能团的有效耦合打破各维度之间、各要素之间的条块分割状态，改善各维度、各要素彼此割裂、各自为政的运行发展方式，从而形成更高层次的复合系统弥补单要素运行的缺陷；另一方面是通过各维度、各要素之间功能、结构和运行方式的相互融合和影响，构建出一种协同发展的状态。但需要警惕的是，复合系统存在系统耦合的状态，也就存在系统相悖的状态，也就是构成农业高质量发展的五个维度和基础构成要素之间彼此背离、相互干扰破坏的状态，最后会导致整个负荷系统向无序性方向发展。

二　农业高质量发展系统耦合的一般规律

农业高质量发展涉及多个维度和多个基础指标，表现为多组合形式、多元化的相互协调发展状态，具体可以体现在结构性的耦合、功能性的耦合和时空性的耦合。农业高质量发展各维度和基础要素通过结构、功能和时空的耦合形成复合系统，共同推进农业的高质量发展。

一是农业高质量发展各维度和基础指标的结构耦合。结构耦合就是各维度和各构成要素在结构方面的有机组合，具体表现在农业高质量发展各维度和各基础要素之间通过相互融合、约束和促进的作用形成关联强弱适当、组合结构稳定合理的状态，既可以是两个维度之间的二元结构耦合，也可以是多个维度和要素之间的多元结构耦合。比如，以农业高质量发展创新和共享维度的二元结构耦合来看，创新维度的基本构成要素有人力资本积累、资本、技术进步等要素，共享维度的基本构成要素有农村居民人均可支配收入、受教育水平、公共卫生和城镇化率等，如果驱动农业经济创新发展的基本生产要素资源投入比例适当、结构合理，则会产生生产要素配置效应。另外，农村居民收入、受教育水平和城镇化率等要素的提高也会增加农业经济发展的稳定性和潜力，从而形成创新和共享维度的有机结构耦合效应。一般情况下，结构耦合的各维度和各要素之间存在较大的差异性，依靠系统自身的调节机制难以克服这种差异性，需要借助外生力量克服这种差异性从而实现复合系统的有效协调运行，在这个过程中会产生资源消耗和能量耗散。

二是农业高质量发展各维度和基础指标的功能耦合。功能是指系统各维度和各基础要素与外界环境发生联系所表现出来的特性和功效。主要是通过农业高质量发展各维度、各要素的优化组合和协同发展使复合系统耦合的负向影响最小、整体功效最优。农业高质量发展的功能耦合主要依靠子维度和基础要素之间的功能互补实现，如农业经济创新维度功能的发挥能够有效促进农业经济协调和绿色维度的持续性改善，而农业经济对外开放维度的功能在于能够促进农产品进出口贸易从而促进收入的增加，实现农业经济共享维度的功能发挥。在此过程中，一般不能保证农业高质量发展各个维度功能同时达到最佳程度，当受到外部干扰和内部发展进度不一致时，可能会出现各耦合要素功能非均衡发展并相互抵触的情况，进而会影响整体复合系统功能的发挥。

三是农业高质量发展各维度和基础指标的时空耦合。从第四章农业高质量发展各维度发展的历史演进轨迹和现实状态来看，农业高质量发展各个维度的演化过程并不是沿着孤立状态运行，表现为在一定时期或区域内，各个维度和各维度基础要素之间存在时空和结构等多元化的联系，并内生地产生、相互之间的系统耦合发展联系。农业高质量发展的各个维度和各维度基础要素在不同的时空环境下存在不同的发展状态，并通过不同的时空背景影响复合系统的总体功能。因此，要对不同时空背景下的农业高质量发展各维度和维度基础要素的耦合关系进行评价和分析。

第二节 模型构建

在农业高质量发展系统耦合逻辑分析的基础上，将农业高质量发展的耦合界定为 5 个子维度的正向协同效应。基于此，进一步构建耦合协调测度模型，定量分析农业高质量发展各维度的协调统一性。同时，构建农业高质量发展障碍因子诊断模型，探究农业高质量发展的关键障碍因素。

一 耦合协调度模型

国内外关于耦合协调度的测算方法有如下几种：一是基于综合指数加成的耦合协调度测度方法。该方法的基本理念是运用数理统计方法测算多个指标权重，从而将多个指标转化为综合指数进行评价，综合指数反映了被评价对象的协调性。二是功效系数方法。该方法是在协同论的理论基础上发展而来的，用序参量协同作用的强弱程度作为协调度的代理指标，同时利用序参量对系统的功效系数构建协调度函数，$C_n = \{(\mu_1\mu_2\cdots\mu_n) / [\prod(\mu_i+\mu_j)]\}^{1/n}$，其中，$\mu_i = \sum_{j=1}^{m}\lambda_{ij}\mu_{ij}$，$(\sum_{j=1}^{m}\lambda_{ij}=1)$ 是耦合系统中第 i 个子维度的综合序参量，用来衡量该维度对综合系统的功效贡献。μ_{ij} 是第 i 个子维度的第 j 个指标值 x_{ij} 对该子维度的系统有序功效系数，λ_{ij} 为权重指标。三是变异系数法。该方法的基本理念是利用协调系数或者变异系数来反映各维度的变异程度，从而求得各维度之间的协调度指数。具体计算公式为：$C = \left\{\frac{f(x)\times g(y)}{\left[\frac{f(x)+g(y)}{2}\right]^2}\right\}^{1/2}$，其中，$f(x)=\sum_{i=1}^{m}\alpha_i x_i$；$g(y)=$

$\sum\limits_{j=1}^{n}\beta_j y_j$ 分别为系统各子维度的评价指数，x_i、y_j 分别为子维度的具体指标，α_i、β_j 为具体指标的权重，$k \geqslant 2$ 是调节系数。四是弹性系数法。该方法的基本理念是用微分方法来反映系统有序的时空动态变化状态。通过各种耦合协调度测算方法对比分析，选取变异系数法测度农业高质量发展各维度的耦合协调度。

假设农业高质量发展创新、协调、绿色、开放和共享五个子维度是相互关联的，各子维度的发展水平由 $Q_a(x)$、$Q_b(x)$、$Q_c(x)$、$Q_d(x)$、$Q_e(x)$ 分别表示。

首先，构造两个子维度之间的耦合协调度测算模型，假设农业高质量发展创新和协调维度的综合系统遵循 C-D 生产函数，即创新协调系统的总产出 T_1 由创新 $Q_a(x)$ 和协调 $Q_b(x)$ 共同决定，具体公式为：

$$T_1 = A[Q_a(x)]^{\alpha}[Q_b(x)]^{\beta}$$

其中，T_1 表示农业高质量发展创新和协调维度组成的高级别复合系统的发展程度，A 为外生参数，α 和 β 为创新和协调维度的产出弹性。

其次，用协调度来反映子维度之间的协调状态，农业高质量发展创新和协调维度的协调度为：

$$C_1 = \left\{ \frac{Q_a(x) \times Q_b(x)}{\left[\frac{Q_a(x) + Q_b(x)}{2} \right]^2} \right\}^{1/2}$$

其中，k 是调节系数。当 $Q_a(x) = Q_b(x)$ 时，协调度 $C_1 = 1$，表明农业高质量发展创新和协调维度达到最优协调状态，当 C_1 越小，说明创新和协调维度偏差越大，系统协调性越弱。

用 D_1 衡量农业高质量发展创新和协调维度的耦合度（协调发展度），具体公式为：$D_1 = \sqrt{C_1 \times D_1}$。

进一步，可以构造农业高质量发展创新、协调和绿色三者之间的复合系统耦合协调模型，也可以推断出农业高质量发展 5 个维度之间的耦合协调度模型。假设农业高质量发展五个维度构成的农业高质量发展系统遵循 C-D 生产函数，即农业高质量发展总产出 T 最终由创新 $Q_a(x)$、协调 $Q_b(x)$、绿色 $Q_c(x)$、开放 $Q_d(x)$ 和共享 $Q_e(x)$ 共同决定，具体公式为：

$$T = A[Q_a(x)]^\alpha [Q_b(x)]^\beta [Q_c(x)]^\chi [Q_d(x)]^\delta [Q_e(x)]^\varepsilon \quad (6-1)$$

其中，T 表示农业高质量发展 5 个维度组成的复合系统的发展程度，A 为外生参数，α、β、χ、δ、ε 为创新、协调、绿色、开放和共享维度的产出弹性。农业高质量发展 5 个维度的协调度为：

$$C = \left\{ \frac{Q_a(x) \times Q_b(x) \times Q_c(x) \times Q_d(x) \times Q_e(x)}{\left[\dfrac{Q_a(x) + Q_b(x) + Q_c(x) + Q_d(x) + Q_e(x)}{5} \right]^5} \right\}^{1/5} \quad (6-2)$$

其中，农业高质量发展 5 个维度的协调度 $C \in [0, 1]$，当协调度 $C = 1$，表明农业高质量发展 5 个维度达到最优协调状态，当 C 越小，说明创新和协调维度偏差越大，系统协调性越弱。

用 D 衡量农业高质量发展创新和协调维度的耦合度（协调发展度），具体公式为：$D = \sqrt{C \times D}$。同理可以得到农业高质量发展其他维度之间的耦合协调度模型。

根据不同的协调度和耦合度的组合可以反映系统各维度不同的耦合状态，对于耦合程度的科学划分要综合考虑耦合度和协调度。可将复杂系统各维度之间的协调度 C 划分为高协调度和低协调度；将耦合度 D 划分为高耦合度和低耦合度。最终根据协调度和耦合度不同的组合状态划分出系统相悖、低水平耦合、虚假耦合和协同耦合四种状态。一是系统相悖，是指复合系统处于高耦合发展度、低协调度的状态，在该状态下，复合系统各维度协调度较低，其较高的耦合发展度一般是由某一维度或部分维度超前的发展带动的，超前耦合发展的某些维度与滞后耦合发展的某些维度的不一致趋势就导致了整体复合系统的相悖状态。二是低水平耦合，是低协调度、低耦合发展度的一种状态。该状态表示复杂系统各维度均处于低耦合发展状态，且系统之间的协调度也较差，说明整体复合系统存在明显的无序性。三是虚假耦合，是高协调度、低耦合发展度的一种状态。说明复合系统在较低的耦合发展水平下实现了协同发展，但是这种低耦合发展度下的系统状态是一种非稳定的状态。四是协同耦合，是一种高协调度、高耦合发展度的状态，说明复杂系统各维度在达到较高的耦合发展水平的同时也实现了系统各维度的协同发展，是一种理想状态。

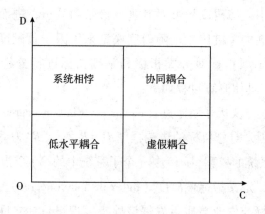

图6-2　耦合协调度划分标准图

二　障碍度因子诊断模型

农业高质量发展综合指数包含不同的维度，不同的维度又包含多项基础指标，各维度和基础指标对农业高质量发展综合指数的现实影响存在差异性。有许多学者运用障碍因素诊断模型对影响城市土地利用、耕地生态安全水平、高质量发展生态城市评价等的分类指标和单项指标进行了测评（邓楚雄等，2011；鲁春阳等，2011；徐丽婷，2019），分析了影响土地利用、城市发展水平的关键限制性因素，为后续发展提供了有利的改进方向。为了进一步考察各维度和基础指标对农业高质量发展的影响，为未来农业高质量发展的对策选择提供实证参考，引入障碍度模型对其进行诊断和分析，进而找出制约农业高质量发展的关键因素。障碍度模型采用因子贡献度、指标偏离度和障碍度3项指标对分类指标和基础指标进行分析诊断（张蕊等，2013）。具体测算过程如下：

障碍度评价方法。有许多学者运用障碍因素诊断模型对影响城市土地利用、耕地生态安全水平、高质量发展生态城市评价等的分类指标和单项指标进行了测评（鲁春阳等，2011；徐丽婷，2019）。农业高质量发展综合指数包含不同的维度，不同的维度有包含多项基础指标，各维度和基础指标对农业高质量发展综合指数的现实影响存在差异性。为了进一步考察各维度和基础指标对农业高质量发展的影响，引入障碍度模型对其进行诊断和分析，进而找出制约农业高质量发展的关键因素。障碍度模型采用因子贡献度、指标偏离度和障碍度 3 项指标对分类指标和基础指标进行分析诊断（张锐等，2013）。具体测算过程如下：

第一步，定义因子贡献度（Factor contribution degree）。因子贡献度测度单向因素对总目标的影响程度 $F_j = R_i \times w_j$。R_i 为综合评价模型中第 i 个子系统的权重。w_j 为第 i 个子系统中的第 j 个指标的权重。

第二步，定义指标偏离度（Index deviation degree）。指标偏离度测度单项指标与农业高质量发展该项指标理想目标之间的差距 $D_j = 1 - X_j$。其中 X_j 为经标准化后第 j 项指标的值。

第三步，定义障碍度（Obstacle degree）。$H_j = F_j \times D_j / \sum_{j=1}^{n} (F_j \times D_j) \times 100\%$。$n$ 表示系统指标个数，H_j 越大，表示该项基础指标对农业高质量发展的障碍程度越高，按照从大到小的顺序排序可以确定障碍因素的主次关系。

第四步，在分析单向基础指标对农业高质量发展的限制程度的基础上，集成衡量各子系统对农业高质量发展的障碍程度 $S_j = \sum_{j=1}^{n} H_j$。

第三节　农业高质量发展耦合协调度分析

基于第二节构建的耦合协调度模型，对全国农业高质量发展系统和省份农业高质量发展系统耦合的演变趋势进行分析。根据式（6-1）和式（6-2），测算出全国和各省份农业高质量发展各维度之间的耦合度。

一 全国农业高质量发展耦合协调度分析

在对农业高质量发展的综合系统性的定量测量评价结果的基础上，根据耦合协调度模型的计算公式测算出 1978—2019 年全国农业高质量发展各维度耦合协调指数，测算结果如表 6-1 所示。

表 6-1　　主要年份全国农业高质量发展耦合协调度测算结果

年份	协调度	耦合发展度	年份	协调度	耦合发展度	年份	协调度	耦合发展度
1978	0.44	0.17	1992	0.76	0.23	2006	0.83	0.27
1979	0.53	0.21	1993	0.67	0.23	2007	0.84	0.29
1980	0.60	0.21	1994	0.83	0.26	2008	0.83	0.32
1981	0.66	0.23	1995	0.81	0.26	2009	0.78	0.32
1982	0.65	0.23	1996	0.75	0.26	2010	0.80	0.33
1983	0.49	0.20	1997	0.72	0.25	2011	0.83	0.35
1984	0.46	0.19	1998	0.63	0.24	2012	0.82	0.36
1985	0.57	0.20	1999	0.55	0.22	2013	0.82	0.37
1986	0.71	0.23	2000	0.67	0.24	2014	0.80	0.38
1987	0.76	0.24	2001	0.64	0.24	2015	0.78	0.38
1988	0.76	0.24	2002	0.67	0.24	2016	0.78	0.39
1989	0.76	0.24	2003	0.77	0.26	2017	0.79	0.40
1990	0.80	0.25	2004	0.82	0.28	2018	0.78	0.41
1991	0.76	0.24	2005	0.83	0.27	2019	0.80	0.42

根据表 6-1 农业高质量发展耦合协调测度结果显示，将 1978—2019 年全国农业高质量发展协调度的均值 0.72 作为划分高协调度（大于 0.72）和低协调度（小于 0.72）的节点，将 1978—2019 年全国农业高质量发展耦合发展度的均值 0.27 作为划分高耦合发展度（大于 0.27）和低耦合发展度（小于 0.27）的节点。1978—2019 年农业高质量发展各维度呈现"低水平耦合—虚假耦合—协同耦合"的耦合发展趋势。可将改革开放以来我国的农业高质量发展各维度协调统一性大致划分为：1978—1986 年为第一阶段；1987—

2006 年为第二阶段；2007—2019 年为第三阶段。

1978—1986 年，我国农业高质量发展各维度的协调度处于频繁波动状态，耦合发展度处于小幅度平稳波动状态。农业高质量发展各维度的协调度和耦合发展度在 1978 年和 1986 年均达到区间内最低点，其他时间内协调度波动幅度较大，耦合发展度波动幅度较小。这一发展阶段农业高质量发展各维度协调度指数上升明显，最高点为 1986 年的 0.71，最低点为 1978 年的 0.44，上升幅度为0.27。耦合发展指数上升不明显，最高点为 1986 年的 0.23，最低点为 1978 年的 0.17，上升幅度为 0.06。按照耦合协调度划分标准看，这一阶段农业高质量发展各维度处于低协调度、低耦合发展度的低水平耦合状态。

1987—2006 年，我国农业高质量发展各维度的协调度处于剧烈波动状态，耦合发展度处于小幅度平稳波动上升状态。农业高质量发展各维度的协调度和耦合发展度在 1990 年、1994 年和 2006 年均达到区间内最高点，在 1993 年和 1999 年均达到区间内最低点，其他时间内协调度波动幅度较大。耦合发展度波动幅度较小。这一发展阶段农业高质量发展各维度协调度指数上升明显，最高点为 2005年的 0.83，最低点为 1999 年的 0.55，波动幅度为 0.28。耦合发展度指数呈平稳上升状态，上升幅度不明显，最高点为 2004 年的0.28，最低点为 1999 年的 0.22，波动幅度为 0.06。按照耦合协调度划分标准看，这一阶段农业高质量发展各维度处于高协调度、低耦合发展度的虚假耦合状态。

2007—2019 年，我国农业高质量发展各维度的协调度处于小幅度波动状态，农业高质量发展各维度的耦合发展度呈快速上升状态。耦合发展度上升幅度较大。这一发展阶段农业高质量发展各维度耦合度指数上升明显，最高点为 2019 年的 0.42，最低点为 2007年的 0.29，上升幅度为 0.13。协调度指数呈小幅度波动状态，上升幅度不明显，最高点为 2007 年的 0.84，最低点为 2009 年、2015年、2016 和 2018 年的 0.78，波动幅度为 0.06。按照耦合协调度划分标准看，这一阶段农业高质量发展各维度处于高协调度、高耦合发展度的协同耦合状态。

二 省份农业高质量发展耦合协调度分析

在对农业高质量发展的综合系统性的定量测量评价结果的基础上，根据耦合协调度模型的计算公式测算出 1998—2019 年省份和地区农业高质量发展各维度耦合协调指数，测算结果如表 6-2 所示。

表 6-2   各省份和区域农业高质量发展耦合
协调度均值测算结果

省份	协调度	耦合度	省份	协调度	耦合度	省份	协调度	耦合度
北京	0.57	0.26	福建	0.59	0.26	云南	0.55	0.23
天津	0.55	0.24	江西	0.60	0.26	西藏	0.64	0.26
河北	0.56	0.25	山东	0.53	0.24	陕西	0.50	0.21
山西	0.51	0.22	河南	0.52	0.23	甘肃	0.48	0.21
内蒙古	0.58	0.25	湖北	0.57	0.24	青海	0.59	0.25
辽宁	0.59	0.26	湖南	0.57	0.25	宁夏	0.53	0.23
吉林	0.57	0.25	广东	0.55	0.24	新疆	0.51	0.23
黑龙江	0.55	0.25	广西	0.57	0.24	东部地区	0.60	0.31
上海	0.52	0.23	海南	0.62	0.26	中部地区	0.14	0.01
江苏	0.54	0.24	重庆	0.55	0.23	西部地区	0.56	0.27
浙江	0.56	0.25	四川	0.56	0.24	东北地区	0.29	0.00
安徽	0.56	0.24	贵州	0.53	0.22	总体平均	0.56	0.24

根据表 6-2 中 1998—2019 年省份和区域农业高质量发展耦合协调均值测度结果显示，将农业高质量发展协调度总体平均值 0.56 作为划分高协调度（大于 0.56）和低协调度（小于 0.56）的节点，将农业高质量发展耦合发展度总体平均值 0.24 作为划分高耦合发展度（大于 0.24）和低耦合发展度（小于 0.24）的节点。划分出省份农业高质量发展耦合状态分布。

表 6-3　　　　　　　各省份和区域农业高质量发展耦合状态分布

地区	系统相悖	低水平耦合	虚假耦合	协同耦合
东部地区	江苏、天津	上海、山东、广东	—	北京、河北、浙江、福建
中部地区	—	山西、河南	—	湖北、湖南、安徽、江西
西部地区	—	重庆、贵州、云南、陕西、甘肃、宁夏、新疆	—	内蒙古、广西、海南、四川、青海、西藏
东北地区	黑龙江	—	—	辽宁、吉林

　　结合表 6-2 各省份和区域农业高质量发展耦合协调度均值测算结果和表 6-3 各省份和区域农业高质量发展耦合状态分布，在区域分布上，东部地区和中部地区农业高质量发展处于高协调度、低耦合发展度的虚假耦合状态，西部和东北地区处于低协调度、低耦合发展度的低水平耦合状态。在省份分布上，处于高协调度、高耦合发展度的协同耦合状态的有 16 个省份，处于低协调度、低耦合发展度的低水平耦合状态的省份有 12 个，处于低协调度、高耦合发展度的系统相悖状态的省份有 3 个，分别是天津、江苏和黑龙江。没有省份处于虚假耦合状态。

第四节　农业高质量发展障碍因子诊断

　　由于农业高质量发展评价指标体系中的指标层因子较多，为深入探讨影响农业高质量发展的关键障碍因素，对全国、省份和地区农业高质量发展各维度和各维度基础指标进行了障碍因子诊断。

一　全国农业高质量发展障碍因子诊断

　　在测算各维度指数的基础上，利用障碍度模型测度各维度对农业高质量发展的障碍度，结果如表 6-4 所示。

表 6-4　　各维度对全国农业高质量发展指数的障碍度变化趋势

年份	创新	协调	绿色	开放	共享	年份	创新	协调	绿色	开放	共享
1978	16.78	1.63	14.59	2.96	64.03	1999	16.85	0.90	24.10	3.43	54.72
1979	13.53	1.42	15.01	3.26	66.79	2000	16.61	1.03	25.18	3.26	53.92
1980	16.78	1.30	16.46	3.04	62.43	2001	16.26	1.13	25.45	3.36	53.81
1981	15.93	1.12	17.12	3.05	62.78	2002	15.51	1.17	25.13	3.25	54.94
1982	16.17	1.00	17.22	3.14	62.47	2003	15.60	1.12	25.85	2.86	54.57
1983	17.17	0.95	16.22	3.44	62.22	2004	13.46	0.96	25.49	2.72	57.37
1984	16.94	0.69	16.29	3.45	62.62	2005	14.47	0.98	26.68	2.63	55.24
1985	17.96	0.76	16.43	3.15	61.70	2006	13.86	1.09	28.76	2.56	53.74
1986	17.19	0.77	17.23	2.87	61.94	2007	12.06	1.03	29.53	2.35	55.03
1987	17.08	0.69	17.54	2.74	61.95	2008	12.18	1.01	33.52	2.32	50.96
1988	17.09	0.63	17.53	2.78	61.97	2009	11.34	1.16	34.13	2.97	50.41
1989	17.58	0.75	18.66	2.75	60.26	2010	10.54	1.26	37.00	2.26	48.94
1990	17.19	0.61	17.67	2.55	61.99	2011	10.95	1.13	38.01	1.71	48.21
1991	17.81	0.79	18.69	2.68	60.03	2012	9.89	1.09	42.08	1.58	45.36
1992	16.65	0.93	18.87	2.73	60.82	2013	9.10	0.93	44.76	1.73	43.48
1993	16.87	0.99	19.29	3.09	59.77	2014	9.43	0.82	50.58	2.20	36.97
1994	14.95	0.78	21.72	2.63	59.93	2015	8.66	0.76	54.68	2.83	33.08
1995	16.35	0.61	21.64	2.78	58.62	2016	8.73	0.86	57.30	3.14	29.97
1996	16.94	0.58	22.20	3.08	57.21	2017	16.47	1.24	57.69	1.21	23.40
1997	17.02	0.66	24.19	3.17	54.97	2018	16.04	1.68	64.78	1.14	16.36
1998	17.12	0.76	23.42	3.38	55.33	2019	17.34	1.41	66.13	1.14	13.97

　　各维度对农业高质量发展障碍度的变化趋势如表 6-4 所示。农业经济创新维度对农业高质量发展障碍度呈小幅度波动下降趋势。农业经济协调维度对农业高质量发展障碍度变动趋势不明显。农业经济绿色维度对农业高质量发展障碍度呈显著波动上升趋势。农业经济开放维度对农业高质量发展障碍度呈小幅度波动下降趋势。农业经济共享维度对农业高质量发展障碍度呈大幅度波动下降趋势。1978—1992 年，农业经济创新、协调、绿色、开放和共享维度对农业高质量发展障碍度的发展趋势呈大幅度波动变化趋势。1978—1987 年，对农业高质量发展的障碍度横向对比，农业经济共享维度

是农业高质量发展的最大障碍维度，最大值为 1987 年 61.95% 的障碍度，1987 年农业经济创新维度和绿色维度次之，分别为 17.08% 和 17.54%，农业经济协调和农业经济开放维度障碍度较低，分别为 0.69% 和 2.74%。1988—1997 年，农业经济共享维度对农业高质量发展的障碍度仍居于首位，1997 年农业经济共享维度的障碍度为 54.97%。其他维度对农业高质量发展的障碍度位次没有发生变化，农业经济协调维度对农业高质量发展的障碍度最低。1998—2007 年，农业经济共享维度对农业高质量发展的障碍度仍高居首位，2007 年农业经济共享维度的障碍度高达 55.03%。这一时期，农业经济绿色维度障碍度上升幅度较大。农业经济创新维度障碍度有所下降。2008—2017 年，农业经济绿色维度成为农业高质量发展的最大障碍维度，2019 年农业经济绿色维度的障碍度高达 66.13%。农业经济共享维度障碍度大幅度下降。

　　总而言之，当前农业高质量发展的主要障碍维度从 1978 年的农业经济开放维度变为了 2019 年的农业经济绿色维度，应分析影响农业绿色发展变化的各项基础因素，推进农业绿色可持续发展，进而促进农业高质量发展。农业经济共享维度对农业高质量发展的障碍度水平类似仅次于农业经济绿色维度，应该逐步落实贯彻新发展理念，在高质量发展中坚持农业经济发展成果由全体人民共享。农业经济协调维度近些年变化较为平稳，对农业高质量发展的障碍度最低。

表 6-5　　　　　　基础指标对全国农业高质量发展综合
指数的障碍度变化趋势

维度	代码	1	2	3	4	5
创新	a1	6.46（5）	5.53（5）	3.79（9）	1.74（13）	4.25（9）
	a2	1.33（14）	2.66（14）	3.41（11）	0.84（16）	2.00（15）
	a3	5.91（7）	5.37（17）	4.46（8）	2.36（10）	4.42（8）
	a4	2.85（10）	3.28（12）	3.52（10）	6.78（5）	4.24（10）

续表

维度	代码	1	2	3	4	5
协调	b1	0.67 (18)	0.34 (19)	0.14 (18)	0.25 (18)	0.35 (19)
	b2	0.36 (19)	0.39 (17)	0.87 (17)	0.87 (15)	0.63 (17)
绿色	c1	8.83 (3)	7.55 (4)	5.37 (7)	2.84 (9)	5.99 (6)
	c2	2.52 (11)	0.87 (16)	0.95 (16)	0.80 (17)	1.26 (16)
	c3	1.28 (15)	0.35 (18)	0.12 (19)	0.05 (19)	0.43 (18)
	c4	1.69 (13)	5.43 (6)	9.05 (3)	22.80 (1)	10.37 (3)
	c5	0.87 (17)	4.18 (10)	7.98 (4)	19.02 (2)	8.53 (4)
	c6	1.22 (16)	1.66 (15)	2.49 (15)	2.98 (8)	2.13 (14)
开放	d1	3.11 (19)	2.82 (13)	2.98 (13)	1.92 (11)	2.62 (13)
共享	e1	24.93 (1)	23.99 (1)	22.46 (1)	16.89 (3)	21.82 (1)
	e2	5.95 (6)	4.19 (9)	2.71 (14)	0.96 (14)	3.34 (12)
	e3	5.46 (8)	4.93 (4)	3.34 (12)	1.78 (12)	3.78 (11)
	e4	8.64 (4)	8.26 (3)	7.08 (5)	5.62 (6)	7.31 (5)
	e5	15.70 (2)	14.15 (2)	12.71 (2)	3.65 (7)	11.18 (2)
	e6	2.23 (12)	4.04 (11)	6.56 (6)	7.86 (4)	5.30 (7)

注：1、2、3、4、5 分别代表 1978—1987 年、1988—1997 年、1988—2007 年、2007—2019 年和 1978—2019 年。括号内为该时期各基础指标对农业高质量发展的障碍度排名，降序排列。

表 6-5 列出了相应时期 5 个维度的基础指标对农业高质量发展的障碍度均值状况，并划分为 4 个时间段。1978—1987 年农业高质量发展的主要限制性因素排名前五位的是农村居民人均可支配收入、城镇化率、节水灌溉占比、恩格尔系数和农业机械化水平，障碍度分别为 24.93%、15.70%、8.83%、8.64% 和 6.46%。1988—1997 年，对农业高质量发展障碍度在前五位的基础因素有所变化，变为农村居民人均可支配收入、城镇化率、恩格尔系数、节水灌溉占比和农业机械化水平，分别为 23.99%、14.15%、8.26%、7.55% 和 5.53%。与前一时期相比，各维度基础指标对农业高质量发展的障碍度在整体障碍程度上有所下降。1998—2007 年，各维度

对农业高质量发展的障碍度排名前五位的障碍因素变为农村居民人均可支配收入、城镇化率、化肥使用强度、农药使用强度和恩格尔系数，障碍度分别为22.46%、12.71%、9.05%、7.98%和7.08%。2008—2019年，各维度对农业高质量发展的障碍程度整体呈上升趋势，农业高质量发展关键障碍因素也有所变化，居前五位的分别是化肥使用强度、农药使用强度、农村居民人均可支配收入、城乡居民消费收入占比和农业全要素生产率，障碍度分别为22.80%、19.02%、16.89%、7.86%和6.78%。1978—2019年整个时间段对农业高质量发展障碍度居于前五位的因素为农村居民人均可支配收入、城镇化率、化肥使用强度、农药使用强度和恩格尔系数，障碍程度分别为21.82%、11.18%、10.37%、8.53%和7.31%。

总体而言，不同时间段的农业高质量发展的关键性障碍因素有所变化，各维度对农业高质量发展的障碍度呈"波动下降—波动上升趋势"。应重点关注对于农业高质量发展障碍度较大的关键性限制因素，对于农业高质量发展的未来改进路径应更加关注2008—2019年农业高质量发展的关键性障碍因素及障碍程度，即重点关注化肥使用强度、农药使用强度、农村居民人均可支配收入、城乡居民消费收入占比和农业全要素生产率。可以发现，这五项关键性障碍因素集中分布在农业经济绿色、创新和共享维度。农业高质量发展障碍维度和基础障碍因素是基本匹配的。

二　省份农业高质量发展障碍因子诊断

由于农业高质量发展评价指标体系中的指标层因子较多，为深入探讨影响各地区农业高质量发展的关键障碍因素，筛选了各个地区农业高质量发展障碍度排名前五位的关键障碍因素作为识别主要障碍因子的依据。考虑到1998—2019年长达10年的数据样本量较大，选取了省份农业高质量发展障碍度均值作为样本进行障碍因素分析。

结合表6-6各维度对省份和地区农业高质量发展障碍度情况和表6-7各维度基础指标对省份和地区农业高质量发展障碍度情况，

总体上农业高质量发展的主要障碍维度集中于创新维度和共享维度。其中,农产品外贸依存度是最主要的障碍因子,其次是农业人力资源积累水平。主要障碍因子是农村居民人均可支配收入和城镇化率,绿色维度的节水灌溉比重、化肥使用强度和农药使用强度成为主要障碍因素,农业高质量发展的障碍因子更加多元。当前,应重点关注对农业高质量发展障碍度较大的关键性限制因素。

表6-6 各维度对省份和地区农业高质量
发展指数的障碍度情况

省份	创新	协调	绿色	开放	共享	省份	创新	协调	绿色	开放	共享
北京	28.12	5.44	27.41	1.79	37.24	广东	28.41	5.44	25.96	1.63	38.56
天津	30.32	6.26	23.74	1.74	37.94	广西	24.95	5.37	25.50	1.50	42.69
河北	24.88	6.40	26.33	1.64	40.75	海南	24.02	3.12	28.99	1.34	42.53
山西	25.67	7.57	24.31	1.52	40.93	重庆	26.05	6.14	23.33	1.44	43.05
内蒙古	23.55	6.10	25.49	1.36	43.50	四川	25.57	5.50	23.97	1.58	43.38
辽宁	27.33	4.70	26.03	1.55	40.39	贵州	23.54	6.73	21.85	1.40	46.48
吉林	24.09	5.49	27.24	1.52	41.66	云南	22.48	6.01	23.07	1.39	47.06
黑龙江	23.80	6.65	25.82	1.52	42.22	西藏	19.70	4.49	25.66	0.69	49.47
上海	28.87	6.37	26.32	1.94	36.51	陕西	23.45	7.35	26.26	1.45	41.49
江苏	27.88	6.19	26.49	1.85	37.60	甘肃	22.38	7.71	22.56	1.33	46.03
浙江	28.22	5.22	23.97	1.73	40.86	青海	22.19	5.25	22.90	1.30	48.38
安徽	25.71	5.47	24.53	1.61	42.69	宁夏	21.87	6.84	24.13	1.46	45.70
福建	26.54	4.01	26.56	1.49	41.42	新疆	22.37	7.79	23.06	1.38	45.41
江西	26.47	4.70	24.78	1.42	42.62	东部地区	27.49	5.80	26.09	1.74	38.87
山东	24.16	6.90	28.09	1.89	38.97	中部地区	25.71	6.04	25.58	1.55	41.11
河南	24.70	7.11	27.82	1.75	38.63	西部地区	23.24	6.03	24.37	1.36	45.01
湖北	26.16	5.62	26.75	1.54	39.93	东北地区	25.07	5.61	26.37	1.53	41.42
湖南	25.58	5.76	25.30	1.49	41.87						

表 6-7 　　　　　各维度基础指标对省份和地区农业高质量
发展指数的障碍度变化趋势

省份	障碍因素排序					省份	障碍因素排序				
	1	2	3	4	5		1	2	3	4	5
北京	e4	c4	a1	e1	c6	广东	c1	e1	a3	e4	c4
天津	e4	e1	a1	a2	c4	广西	c1	e1	e4	e5	a3
河北	e1	c1	e5	c6	a3	海南	e4	c1	e1	c4	a1
山西	c1	e1	e4	c6	e5	重庆	c1	e1	e4	c6	a1
内蒙古	e4	e1	c1	c6	a1	四川	c1	e1	e5	a3	c6
辽宁	e4	c1	e1	c6	a1	贵州	c1	e1	e5	c6	
吉林	c1	e4	e1	c6	a1	云南	c1	e1	e5	e4	c6
黑龙江	c1	e4	e1	c6	a4	西藏	e4	e1	e5	c3	e2
上海	e4	a1	c1	a2	e1	陕西	c1	e1	e5	c6	
江苏	e1	c1	e4	c4	a3	甘肃	e1	c1	e5	c6	
浙江	e4	e1	c1	c6	a1	青海	e4	e1	c1	c6	a1
安徽	e1	c1	e5	e4	a3	宁夏	e4	e1	c1	c6	a1
福建	e4	e1	c1	c4	a1	新疆	c1	e1	c6	a1	e5
江西	c1	e1	e4	c6	e5	东部地区	e4	e1	c1	c6	c4
山东	e1	c1	e5	a3	c6	中部地区	c1	e1	e5	c6	a3
河南	c1	e1	e5	a3	c6	西部地区	e1	e4	c1	e5	c6
湖北	c1	e1	e4	a3	e5	东北地区	c1	e4	e1	c6	a1
湖南	c1	e1	e5	c6	a3						

第七章

农业高质量发展提升
路径及对策选择

第五章和第六章对全国和省级层面农业高质量发展水平进行了综合评价，然后对农业高质量发展进行了耦合协调度测度评价和障碍因子诊断。本章结合国外农业现代化发展经验和国内农业经济发展实践，以及耦合协调度测度结果、障碍度因子诊断结果，对未来我国区域农业高质量发展提出针对性的对策建议。第一节对农业高质量发展的国际经验进行了总结梳理。第二节对农业高质量发展的国内经验进行了总结梳理。第三节对未来农业高质量发展的路径进行了探讨。

第一节　农业高质量发展的国外经验

农业经济政策是在认识和分析农业经济发展现实的基础上为了实现一定的政策目标，所做出的一系列制度安排和政策举措。在当前社会主要矛盾发生转变、农业生产剩余和有效供给不足的结构性矛盾的现实下，有必要在厘清农业政策作用机理的基础上，对国内外的农业经济法律法规、组织架构、政策工具进行梳理，从农业经济政策演进的阶段性特征发觉政策变迁的内在逻辑，总结政策成功与失败的教训，以期制定和实施更好的农业经济政策为农业经济高质量发展服务。

一 各国农业农村发展特征及历史经验

在实现农业现代化的过程中，美国、欧盟、日本和韩国在农业投融资支持、法律支持、农产品进出口支持、完善社会化服务、促进农业劳动力转移和重视农业人力资本积累等方面积累了丰富的经验。发达国家农业现代化进程可以分为两个阶段：一是以提高农产品产量为主、弥补粮食供给缺口的阶段，主要采取机械、生物化学等技术支持农业粮食产出；二是以可持续发展技术应用、提高农产品竞争力为主的阶段，主要采取现代化绿色生物技术、科学的农业运营管理机制、高素质的农业经营主体等措施提高农产品产出质量和竞争力。

（一）美国农业农村经济发展特征及历史经验

美国农业农村发展的历程是伴随农业法律体系的不断完善和发展的。经过200多年的历史变迁，美国已经形成了以农业法为中心、近百部法律相辅助配套的法律体系（穆中杰，2014）。通过梳理美国农业法律体系的演进史，可以更好地梳理美国农业农村发展的阶段性特征和政策变迁历程。从20世纪30年代至90年代是美国支持农业生产的时期，1933年的《农业调整法》奠定了农业法律体系的基本格局，之后美国政府根据政策实施效果和现实需要不断调整修正法案内容，逐渐形成了严格耕地保护，技术创新为主，财政补贴和农业保险并行的农业生产支持模式。在此期间，主要颁布实施的法律法规有1935年《农业调整法修正案》、1942年《紧急价格控制法修正案》、1954年《农业贸易发展援助法》、1973年《食品与消费者保护法》等，通过与农场主签订粮食播种面积控制计划、鼓励农业生产者与行业组织和协会合作，进出口控制计划、市场控制、平价补贴和农业保险等手段，稳定农产品销售和市场价格，激发农业生产者生产积极性。20世纪90年代以来，是促进农业市场化和多元化政策保障粮食安全时期，为解决农产品过剩、财政负担

过重，以及资源环境破坏等问题，美国采取了涵盖农产品生产、贸
易、质量认证、资源保护、技术研究、农产品信贷和保险、农村发
展和全球气候变化等方面的一系列政策措施，旨在有效保护和提高
农业的综合生产能力，并有效调控农产品国内外市场。

1. 国家保护农业生产时期（1933—1989 年）

20 世纪 30 年代处于世界经济大萧条时期，为了促进农业经济
的发展，美国颁布了《农业调整法》，这部法律的颁布为美国整个
农业法体系的构建搭建了基本的框架，此后颁布的多个农业法案都
是根据时代特征和政策应用实际情况进行不断调整和修订的。最终
美国形成了严格保护耕地，以技术创新为主、粮食补贴和粮食保险
作为政策保障的粮食安全保障模式。

表 7-1　　　　政府调控农业生产时期（1933—1989 年）

法律名称	主要内容	法律政策实施目的
1933 年《农业调整法》	通过基于农业补贴的方法，对农产品产出和耕地播种面积进行调控；通过与农户和相关农业协会组织签订合同，实现稳定和调整农产品价格的目的；征收加工税，调控农产品市场	加大政府对农业生产的支持和补贴，用强制性的行政手段提高农产品的价格促进农民对于农业生产的积极性
1935 年《农业调整法修正案》	赋予总统调控农产品进出口限额的权力，以配合农业调整计划；将征收的部分关税收入用于刺激农产品生产和国内消费	
1938 年《新粮食调整法案》	放松对农产品生产的直接控制，采用灵活的市场手段进行调控；设置小麦、玉米等战略性物资设置农业保险和平价补贴政策；建立农产品存储制度	
1942 年《紧急价格控制法修正案》	提高小麦、水稻等战略性农产品以及非主要农产品的财政平价补贴额度	
1954 年《农业贸易发展援助法》	通过发放补贴方式鼓励农业生产者休耕，积极促进农产品出口	应对粮食生产过剩危机，保障农业生产者利益

续表

法律名称	主要内容	法律政策实施目的
1973 年《食品与消费者保护法》	以目标价格为基础的差额补贴替代农业直接补贴，推进促进农产品生产和销售的市场化进程	美国农业政策与法律的重大转折点
1977 年《食物和农业法》	大力支持农业科技研发，投入专项农业研发资金	目的是把美国农业部建设成为粮食和农业科学的主要中心

2. 促进农业生产市场化时期（1990—2001 年）

20 世纪 90 年代初，美国出现了财政赤字、农业财政负担过重，过度依赖国际农产品市场的问题。同时，化肥农药的过度使用也造成了严重的土壤板结、水质污染等环境问题。

表 7-2   农业生产市场化时期（1990—2001 年）

法律名称	主要内容	法律政策实施目的
1990 年《食物、农业、资源保护和贸易法》	内容涵盖了农产品从生产到消费的全过程，让农业生产者自由决定农产品生产类型，继续推进农产品出口扩大计划，并推出农村发展计划和营养补助计划	主要目的是减轻农业财政补贴负担；通过扩大农产品出口，保证农业生产者的收入稳定性
1996 年《农业法案》	不再发放粮食补贴，也不再进行农产品生产进行调控	旨在进一步减少政府对农业生产的直接干预，全面推进市场化进程

3. 多样化政策促进农业经济发展时期（2002 年至今）

随着农业市场化的推进，美国政府财政负担减轻，但是由于缺乏政府的保障，农业经济增长陷入停滞阶段。为了在保证农民收入的基础上尽量减少农产品市场的扭曲，美国政府开始实施多样化的农业补贴政策。

表 7-3　　　　多样化政策支持农业发展时期（2002 年至今）

法律名称	主要内容	法律政策实施目的
2002 年《农业安全与农村投资法案》	重新实施农业价格补贴，同时推行农业保险以减少农民收入风险。另外，还推出资源保护计划，以解决日益严重的生态环境问题	旨在保障粮农收益，减少收入风险，推动粮食生产绿色可持续发展
2008 年《食物、保护与能源法案》	扩大了农民的补贴范围和补贴金额，并创新性地提出了平均作物收入选择计划。向农民提供农业补贴、农业保险支持，以及农业灾害援助计划	旨在减少粮农生产风险，保障粮食生产安全
2014 年《农业法案》	实施农业风险防范政策；实施资源保护措施，设立农业资源保护地役权项目，取消区域资源保护合作项目；投入大量专项资金用于农业科学研发，鼓励跨机构开展合作，从而持续推进农业科学研究与科技转化项目	2014 年农业法案的通过标志着美国粮食法体系建设进入一个新的阶段
2018 年《农业提升法案》	新法案从价格和单产上增加了农民获得补贴的空间，并提高了农产品营销援助贷款率。新法案增大了来自资源保护项目的财政支出。此外，将资源照管项目与其他项目合并。强化营养补充援助受益者的资格审查。农业法案有关贸易的内容包括市场准入、外国市场开发、特殊作物技术援助和新兴市场开发方面的资金支持，服务于其国际竞争战略	旨在有效保护和提高美国粮食的综合生产能力和国际竞争力；有效调控国内外市场

　　总结美国农业农村现代化过程中所采取的政策措施，对于我国农业现代化发展有以下启示：一是构建和完善农业法律保障体系。①要构建一套比较完整的农业法律体系，对农业生产、加工、销售、流通、投融资和提供社会化服务做出明确的规范。②要突出国家和地方政府财政对于农业产业结构调整和现代化发展的支撑和基础作用。③辅之以社会化信贷机制的构建，利用社会资本和农业保险等分散农业高质量发展过程中的风险。二是强化农业社会化服务体系的建设。构建农业生产资料供给、农产品加工、销售和进出口体系，完善农田和农村基础设施建设，系统化农业教育科研和技术

推广体系。三是支持农业合作组织的建设，合理解决农民转移就业，并培养新型农业经营主体，实现农业高质量和现代化发展。四是要结合实地农业经济发展状况，灵活运用宏观政策调控，并调动微观利益主体的积极性。

（二）欧盟农业农村经济发展特征及历史经验

欧盟的农业现代化政策措施最主要的特征是从以农产品价格支持和市场干预为主向以共同农业政策为主的转变。共同农业政策主要内容在于实行共同体内部成员国农产品统一价格、免征关税、自由流通，优先成员国内部交易，而对于共同体以外的国家进口农产品征收差价税，以补贴共同体农产品出口，提高农产品国际竞争力，资助各成员国进行农业产业结构改革（李登旺等，2015），实施"单一农场支付"的农业补贴措施，将农业补贴与生态环保、食品安全和动物福利相结合，一方面能够保证农民收入的稳定性，另一方面能够促进农业产业结构的调整和改革，从而提高农产品的质量和市场竞争力。2013年年底，欧盟颁布的《2014—2020年计划》，对共同体内的成员国的农村经济发展、生态环境保护和成员国区域平衡发展等方面给予了极大的关注，把增强农业竞争力、实现自然资源可持续发展和成员国间平衡发展作为长期发展目标，制定了相应的针对性、适用性的政策措施。

近年来，区域经济发展不平衡、农村劳动力人口下降等成为欧盟成员国共同面临的突出问题，新一轮的共同农业政策改革制定并实施了针对性的政策措施。一方面是促进成员之间农业补贴政策的"对外趋同"，主要是逐步缩小成员国之间农业补贴标准的差异；另一方面是通过设置"再分配补贴"及支付封顶限制等措施来尽量促进国家和区域范围的农业生产的公平性，保证低于平均水平的农业生产者的农业补贴水平有所提高，从而减少农业生产经营成本，保证农业生产者的收入稳定性，从而实现成员国内部和区域间的"内部趋同"（焦晓松等，2014）。最后是针对农业生态环境保护和自然资源可持续发展管理问题，对于农业环境问题突出的地区实施专项资金支付，用于改善当地的农业环境，从而保障区域农业经济平衡发展。另外，还提高了财政预算的灵活调配性，从而满足不同地区农业差异化发展需求。

（三）日本农业经济发展的阶段性特征及政策变迁

日本的农业农村经济政策是随着国内和国际农业环境变化而不断调整的。日本是以 20 世纪 60 年代制定的《农业基本法》为划分节点，农业农村经济发展过程大致可以划分成战后恢复期、工业化时期以及国际化时期 3 个阶段，表现出从国内粮食自给，到关注农业产业结构调整，再到适应农业国际化市场的特点（王学君、周沁楠，2018）。

表 7-4　　　　　　　　日本农业经济政策变迁历程

时期	主要内容	法律政策实施目的
战后恢复期（"二战"后至 20 世纪 50 年代初期）	1952 年《农地法》，以法律形式确定自耕农体制，并颁布实施了《土地改良法》，包括水利建设、开荒造田、土壤改良等主要内容。同时调整了《粮食管理法》，规定政府对农产品价格、流通和贸易方面均进行直接管制	旨在实现主要粮食增产，确保国内自给
工业化时期（20 世纪 60 年代至 70 年代后期）	1961 年《农业基本法》大力促进国内农业生产结构调整改革来满足国民对农产品需求的增长，提高农业现代化水平和进行规模经营。对外进行"海外屯田"以确保本国粮食的稳定供给	旨在通过国内农业生产和国际粮食市场保证粮食稳定供给
国际化时期（20 世纪 80 年代至今）	1994 年日本取消具有价格直接管制特征的《粮食管理法》，表明市场价格形成机制取代政府调控机制； 1999 年《粮食·农业·农村基本法》对于农业支持措施更注重市场化，降低了农业国内支持水平； 1999 年《新基本法》规定在国内粮食供求失衡的情况下，政府可以通过必要手段确保国民最低限度的粮食供给； 2011 年日本政府制定了针对食品企业的"事业继续计划"，通过构建政府与企业、企业与企业间的联结机制，应对潜在的农业生产经营风险	在适应农产品市场化的前提下保障本国的粮食安全，确保在突发情况下依旧能够保证国内粮食供应

（四）韩国农业经济发展的阶段性特征及政策变迁

韩国农业经济政策是根据国外农业环境变化而不断进行调整的（晏莹、龙方，2015）。以20世纪80年代为时间界限可将韩国农业和粮食政策划分为前后两个阶段：前期主要注重农业生产数量的增长，增加农业经营者收入，满足国民粮食需求。后期是注重农业经济增长质量的提升，即促进农业产业结构的优化调整从而实现农业现代化。农业政策基调是从注重农业保护向鼓励农业良性竞争转变。

表 7-5　　　　　　　　韩国农业经济政策变迁历程

时期	主要内容	法律政策实施目的
20世纪80年代之前	20世纪50年代，韩国政府颁布了《粮谷管理法》，粮食管理和价格管理都通过政府收购进行调节。自50年代至80年代，连续发布多个粮食增产计划、农业机械化计划等，通过普及新品种、扩大生产半机械化、提高粮食收购价格等实现粮食增产	旨在实现主要粮食增产，确保国内自给
20世纪80年代以后	通过行政手段和政府的宏观调控来增加对农业的资金投资和财政补贴，保护农民的利益。另外，为缓解国内耕地不足的制约，韩国通过海外垦田或农业投资促进本国粮食安全。还通过政府拨款培育农业科研机构和高校进行农业科学技术的研发，为农民提供技术服务和咨询	旨在提高韩国农业的生产效率和农产品的竞争力

二　各国农业经济政策变迁对中国的启示

观察世界各国粮食安全保障法律和政策的变迁过程，可以发现我国应根据发展阶段适时调整粮食安全保障策略的总体思路、转化思路和策略，适时调整农业投资战略与布局，审时度势发挥自身优势提升农业国际竞争力。

（一）建立严格的耕地保护制度，推进可持续农业发展和粮食安全

我国农产品在国际市场上缺乏竞争力，同时农业生产面临严重的生态环境问题，耕地、水等基本资源短缺矛盾突出，农业生产成

本也日益增加,资源和环境对农业生产和发展的制约将会日益显著。为确保国内粮食稳定有效供给,推进农业可持续发展和保障粮食安全,可借鉴美国耕地的保护制度,严守耕地红线,实施严格的土地资源保护和修复政策。

(二)推行多重粮食安全保障策略,有效保护粮食综合生产能力

在农民种粮补贴方面,应顺应市场化的趋势,综合利用价格支持政策、直接支付制度、差额补贴政策、农业保险与灾害补贴政策,对粮农给予保障性粮食补贴,保证粮农收入。对粮食生产实施多样保险计划,防止自然灾害导致粮农收益大幅下降。增加粮食保险投入,做好农产品价格风险和产量风险防控,并强化农业灾害援助。此外,应充分发挥市场引导作用,畅通粮食生产成本、销售价格等信息渠道,完善市场监测、分析和预警提示。

(三)将农业补贴资金获取与保护农业生产环境和食品安全相挂钩

我国可借鉴欧盟关于农业可持续发展的法律和政策改革内容,设立强制性绿色直接支付,并将农业补贴资金的获取与保持农业生产环境、应对气候变化、保障食品安全相挂钩,实施奖惩。另外可基于多变贸易协议框架,借鉴欧盟的双边和多边合作策略,广泛开展农业技术、人才等的合作。

(四)建设结构合理的农业专业人才队伍,依靠人才进行科技创新

目前,我国存在农业专业人才总量不足和结构不合理,科技创新能力低等问题。未来保障粮食安全的根本出路在于提高粮食生产能力,而提高粮食生产能力就要强化人才队伍,实行更加开放的农业国际合作人才政策。并且依靠农业专业人才进行科技创新,研发良种和肥料,提升灌溉技术,注重农业现代化技术的开发和推广。

第二节　国内农业经济发展特征及历史经验

梳理农业经济政策与法律法规，能够明确为保障国家粮食安全，当前亟待关注的内容和亟待解决的问题。本书通过对国家出台的系列政策文件、法律法规的梳理和总结，归纳出农业经济政策的演变特征，为下一步制定农业经济政策提供参考和借鉴。

一　农业高质量发展的国内经验

关于国内农业经济发展的实践经验，主要总结了 21 世纪以来国内围绕化解"三农"问题症结，着力解决农业、农村、农民问题所实施的相关政策措施。通过对农业经济政策梳理，可以看出，促进农业发展的政策逐渐从侧重农业产出数量安全向重视农业产出数量和质量双重安全演变，从仅仅关注粮食生产向保障农产品生产、流通、经营等多环节有序运行转变，从促进农民增收，向消灭城乡差别和实现城乡融合转变。

（一）21 世纪以来农村相关制度变革

消灭城乡差别和实现城乡融合，使全体社会成员得到全面发展，是马克思列宁主义的一贯思想。20 世纪 90 年代后期，中国经济总体发展水平和国家财力达到一定水平，工业化进程发生历史性转变，出口导向型战略的实施促进沿海地区工业化进程加快，而且到 20 世纪末时已经总体达到小康发展水平。但长期非平衡的发展战略产生的农业基础薄弱、农民收入低下和城乡发展失衡问题成为阻碍全面建成小康社会和现代化发展的重大制约。农业经济处于不稳定的局面。一方面，直到 21 世纪之交，农业基础设施建设十分薄弱，水利基础设施、科技、农业机械和资金等提供给农业的十分有限，随着人口生育模式发生转型、农村劳动力供给从剩余转向短缺，农业发展受到诸多限制。另一方面，随着粮食产量的连年递增，种粮效益不断下降，而城乡居民收入差距呈扩大趋势。2004 年的党的十六届四中全会上，胡锦涛总书记指出，总结一些工业化国家的发展历程，在工业化初始阶段，农业支持工业，为工业化提供积累，是带有普遍性的趋向；但在工业化发展到相当程度后，工业反哺农业，城市支持农村，实现工业与农业、城市与农村的协调发展，也是带有普遍性趋向。我国农业政策也应根据实际情况进行调整转变。

21世纪初，中国开始具备统筹城乡发展的历史条件。2002年党的十六大的召开，明确提出，"统筹城乡经济社会发展，建设现代农业，发展农村经济，增加农民收入，是全面建设小康社会的重大任务"，强调要建设有利于逐步转变城乡二元结构的体制机制，逐步扭转工农和城乡差别扩大的趋势，标志着中国工农关系和城乡关系发生重大转变。2003年中央农村工作会议上，强调要统筹城乡经济社会发展，充分发挥城市对农村的带动作用和农村对城市的促进作用，实现城乡经济社会一体化发展。要把解决好农业、农村和农民问题作为全党工作的重中之重，"三农"问题作为重大问题被首次提出。之后，在一系列重要会议中，对于"三农"问题的思想认识和实践探索不断深化，连续出台了一系列重大的强农惠农政策，农业农村发展迎来了高速增长的"黄金期"。

（二）经济新常态以来农村相关政策变革

改革开放以来，中国经济经历了几十年的高速增长，但自2008年爆发国际金融危机，国内经济运行受到严重冲击，经济增长速度下降，经济增速下行压力持续加大。党的十八大以来，以习近平同志为核心的党中央从我国经济建设的实际出发，根据国际国内运行新形势、新变化，提出我国经济发展进入了新常态的重大论断。习近平总书记在2016年年初省部级主要领导干部学习贯彻党的十八届五中全会精神专题研讨班上的讲话中指出："新常态下，我国经济发展主要特点是：增长速度从高速转向中高速，发展方式要从规模速度型转向质量效率型，经济结构调整要从增量扩能为主转向调整存量、做优增量并举，发展动力要从主要依靠资源和低成本劳动力等要素投入转型创新驱动。"

党的十八大以来，党中央、国务院积极应对国际金融危机持续影响等一系列重大风险挑战，同时为适应我国经济发展进入新常态提出的现要求，不断创新和完善宏观调控体系和机制，推动形成经济结构优化、发展动力转换和发展方式转变加快的良好态势。在上述背景下，2013 年中央提出我国经济社会进入增长速度换挡期、结构调整"阵痛期"、前期刺激政策消化期的"三期叠加"阶段，2014 年中央提出我国经济进入"新常态"，为应对风险挑战、适应经济发展新常态的要求，2015 年召开的中央财经领导小组第 11 次会议首次提出了加强供给侧结构性改革的要求，明确了主攻方向、总体思路和工作重点。2015 年 12 月召开的中央经济工作会议对供给侧结构性改革从理念到行动、从任务到举措做出了全面阐述和全面部署。2017 年党的十九大报告指出，中国经济由高速增长阶段转向高质量发展阶段。2018 年 3 月召开的全国人大政府工作报告中围绕高质量发展提出了推进农业供给侧结构性改革等九方面的部署。同时，2017 年党的十九大报告指出，农业农村问题是关系国计民生的根本性问题，必须始终把解决好"三农"问题作为全党工作的重中之重，实施乡村振兴战略。从"三期叠加"到"新常态"，再到"供给侧结构性改革""高质量发展""乡村振兴战略"，是农业结构调整和经济发展转型升级认识不断深化和实践不断探索的互动过程。

二 中央一号文件中农业经济政策变迁特征

梳理和总结历年中央一号文件涉及的有关粮食生产与安全政策的内容，能够明确政策演进的逻辑主线，找出当前亟待关注的内容，为从顶层设计方面强化农业农村现代化发展政策制定提供思考。

（一）中央一号文件农业政策的内容

中央一号文件原指中共中央每年发布的第一份文件，现在已成为中共中央重视农村问题的专有名词。中共中央在 1982—1986 年连

续五年发布以农业、农村和农民为主题的中央一号文件，对农村改
革和农业发展做出具体部署。2004—2020 年又连续 17 年发布以
"三农"（农业、农村、农民）为主题的中央一号文件，强调了
"三农"问题在中国社会主义现代化时期"重中之重"的地位。中
央一号文件关于粮食生产与安全相关的政策内容如表 7-6 所示。
2014 年以前的中央一号文件主要侧重通过稳定粮食价格、种粮补
贴、农业基础建设、农田水利建设、农业科技等发展粮食生产，保
障粮食数量安全；2014 年以后的中央一号文件内容开始关注粮食质
量安全，强调粮食数量与质量双安全，侧重通过农业面源污染治
理、重金属污染耕地治理修复、调整种植业生产结构等措施来稳定
粮食生产、防范国家粮食安全风险，但是对农业生产的资源基础保
护仍然不足，实现国家长期农业可持续发展仍然任重道远。

表 7-6　　　　　　1982—1986 年中央一号文件内容回顾

年份	文件名称	文件内容
1982	《全国农村工作会议纪要》	肯定多种形式的责任制，特别是包干到户、包产到户，正式承认包产到户合法
1983	《当前农村经济政策的若干问题》	要求农村工商业，提出了"两个转化"，即促进农业从自给半自给经济向较大规模的商品生产转化，从传统农业向现代农业转化
1984	《关于 1984 年农村工作的通知》	在稳定和完善生产责任制的基础上，提高生产力水平，疏理流通渠道，发展商品生产
1985	《关于进一步活跃农村经济的十项政策》	取消农产品统购统销制度
1986	《关于 1986 年农村工作的部署》	强调"摆正农业在国民经济中的地位"，不能因为农业占国民经济产值的比重逐步下降而否定农业的基础地位

　　20 世纪 80 年代中后期，国家改革的重心由农村转向城市，开
启了中国的城市经济时代。进入 90 年代后半期，城市化、工业化对

农业的冲击加剧，农业税负逐步加重，而农产品价格被强行压低，农民种粮积极性极大受挫，农民收入增幅不断放缓，城乡居民收入差距不断扩大，并在21世纪前后达到最高峰，1997—2003年，城乡居民收入比由2.47扩大到3.23，粮食产量由1998年的10246亿斤，锐减到2003年的8614亿斤，粮食安全形势日益严峻，城乡矛盾、工农矛盾、干群矛盾凸显。为此，党中央着力调整城乡发展战略与引导政策，在时隔18年以后，自2004年开始的中央一号文件的主题再次回到"三农"领域，并由此锁定至今。

表7-7　　　　　　　　2004年以来中央一号文件内容回顾

年份	文件名称	文件内容
2004	《中共中央国务院关于促进农民增加收入若干政策的意见》	坚持"多予、少取、放活"的方针，调整农业结构，扩大农民就业，加快科技进步，深化农村改革，增加农业投入，强化对农业支持保护，力争实现农民收入较快增长
2005	《中共中央国务院关于进一步加强农村工作提高农业综合生产能力若干政策的意见》	要把加强农业基础设施建设，加快农业科技进步，提高农业综合生产能力，作为一项重大而紧迫的战略任务，切实抓紧抓好
2006	《中共中央关于制定国民经济和社会发展第十一个五年规划的建议》	必须坚持以发展农村经济为中心，进一步解放和发展农村生产力；坚持"多予少取放活"的方针，重点在"多予"
2007	《中共中央国务院关于积极发展现代农业扎实推进社会主义新农村建设的若干意见》	社会主义新农村建设要把建设现代农业放在首位，要用现代物质条件装备农业，用现代科学技术改造农业，用现代产业体系提升农业，用现代经营形式推进农业，用现代发展理念引领农业，用培养新型农民发展农业，提高农业水利化、机械化和信息化水平，提高土地产出率、资源利用率和农业劳动生产率，提高农业素质、效益和竞争力
2008	《中共中央国务院关于切实加强农业基础建设进一步促进农业发展农民增收的若干意见》	突出加强农业基础建设；切实保障主要农产品基本供给，实施粮食战略工程；主销区和产销平衡区要稳定粮食自给水平

续表

年份	文件名称	文件内容
2009	《中共中央国务院关于2009年促进农业稳定发展农民持续增收的若干意见》	加大对农业的支持保护力度，进一步增加农业农村投入和财政补贴，稳定农产品播种面积，优化农产品品种结构，保证粮食安全和主要农产品稳定有效供给
2010	《中共中央国务院关于加大统筹城乡发展力度进一步夯实农业农村发展基础的若干意见》	全面实施全国新增千亿斤粮食生产能力规划，加快建立健全粮食主产区利益补偿制度；农业财政补贴向主产区粮食倾斜
2011	《中共中央国务院关于加快水利改革发展的决定》	首次对水利工作进行全面部署，指出农田水利建设仍然滞后于农业生产发展的需要
2012	《中共中央国务院关于加快推进农业科技创新持续增强农产品供给保障能力的若干意见》	指出农业科技是确保国家粮食安全的基础支撑，要坚持科教兴农战略，大幅度增加农业科技投入
2013	《中共中央国务院关于加快发展现代农业进一步增强农村发展活力的若干意见》	指出确保国家粮食安全，保障重要农产品有效供给，始终是发展现代农业的首要任务
2014	《中共中央国务院关于全面深化农村改革加快推进农业现代化的若干意见》	抓紧构建新形势下的国家粮食安全战略，在重视粮食数量的同时，更加注重品质和质量安全；加大对粮食主产区的财政转移支付力度，鼓励粮食主产区更多承担国家粮食储备任务，完善粮食产销区利益补偿机制
2015	《中共中央国务院关于加大改革创新力度加快农业现代化建设的若干意见》	提出必须尽快从主要追求产量和依赖资源消耗的粗放经营转到数量质量效益并重、注重提高农产品竞争力、注重农业科技创新，走现代农业可持续发展道路
2016	《中共中央国务院关于落实发展新理念加快农业现代化实现全面小康目标的若干意见》	大力开展区域规模化高效节水灌溉行动，积极推广先进适用节水灌溉技术；实施食品安全战略，加强产地环境保护和源头治理，实行严格的农业投入品使用管理制度
2017	《中共中央国务院关于深入推进农业供给侧结构性改革加快培育农业农村发展新动能的若干意见》	推行绿色生产方式；坚持质量兴农，实施农业标准化战略；统筹调整粮经饲种植结构，粮食作物要稳定水稻、小麦生产，确保口粮绝对安全；深入推进化肥农药零增长行动，开展有机肥替代化肥试点

◆农业高质量发展水平测度与路径选择

续表

年份	文件名称	文件内容
2018	《中共中央国务院关于实施乡村振兴战略的意见》	提出乡村振兴战略，首次提出夯实农业生产能力基础；实施质量兴农战略；探索开展稻谷、小麦、玉米三大粮食作物完全成本保险和收入保险试点，加快建立多层次农业保险体系
2019	《中共中央国务院关于坚持农业农村优先发展做好"三农"工作的若干意见》	提出完成高标准农田建设任务；实施重要农产品保障战略；深入推进优质粮食工程，实施大豆振兴计划；推进重金属污染耕地治理修复和种植结构调整试点
2020	《关于抓好"三农"领域重点工作确保如期实现全面小康的意见》	打赢脱贫攻坚战，确保剩余贫困人口如期脱贫，加快补齐8块"短板"，促进农民持续增收，加强农村基层治理

（二）中央一号文件中农业经济政策的演变特征

通过对历年中央一号文件的梳理可以看出，粮食安全政策逐渐从侧重粮食数量安全向重视粮食数量和质量双安全演变，从仅仅关注粮食生产向保障粮食生产、流通、经营等多环节转变，从主要关注粮食主产区的粮食生产向形成主产区生产、主销区储备、产销平衡区稳产的国家粮食安全格局转变，中央政府的视角从关注国内粮食安全问题向全球粮食安全治理的参与转变，政策性粮食生产与安全逐渐走向法制化粮食生产与安全。

表 7-8 农业经济政策的演变特征

时间	农业经济政策的演变特征
2004—2010 年	从主要依靠粮食主产区的生产能力来保障粮食安全向依靠主产区生产、主销区和产销平衡区自给来防范国家粮食安全风险
2011—2014 年	从侧重粮食生产向关注粮食品质和质量安全演变，从单纯关注粮食生产向完善与粮食生产相关的配套措施转变，从主要关注粮食主产区的粮食生产向形成主产区生产、主销区储备、产销平衡区稳产的国家粮食安全格局转变

续表

时间	农业经济政策的演变特征
2015—2018 年	从强调粮食数量安全向重视粮食数量和质量双安全转变，从单纯关注粮食生产向保障粮食生产、流通、经营等多环节转变，从关注国内粮食安全问题向全球粮食安全治理的参与转变
2019—2020 年	开始关注耕地土壤质量保护问题，政策性粮食生产与安全走向法制化粮食生产与安全

（三）农业经济政策的发展趋势

通过对中央一号文件关于粮食生产与安全政策的梳理及其演变特征发现，中央政府高度重视粮食生产，围绕提高粮食生产能力采取了一系列措施，比如种粮相关补贴、农田水利建设、农业科技投入、节水灌溉工程等，但是缺乏对粮食生产的资源基础——耕地土壤和灌溉用水资源的保护，粮食生产环节中农药、化肥等的使用与监管等。未来防范国家粮食安全风险的重点仍是强化耕地土壤和灌溉用水资源的保护。

表 7-9　　　　中央一号文件中已关注与未关注的内容

时间	已关注的内容	未关注的内容
2004—2010 年	强调通过提高粮食主产区的单产、优化品种结构、加强农业基础建设、增加农业投入，特别是种粮补贴，来保障国家粮食安全	对粮食生产的资源基础——耕地灌溉用水资源和耕地土壤质量保护没有实质性的内容
2011—2014 年	侧重通过农田水利建设、增加农业科技投入等保障国家粮食安全	
2015—2018 年	强调农业面源污染治理、推行绿色化生产方式、实施国家农业节水行动、建设高效节水灌溉工程	
2019—2020 年	提出重金属污染耕地治理修复、种植业生产结构调整	缺乏对耕地灌溉用水水质的提高与保护，以及对粮食生产环节污染问题的监管

三 我国农业法律体系构建中的若干政策取向

梳理和总结农业经济法律法规，能够客观了解当前法律法规取得的进展，明确当前亟待解决的问题，为完善农业经济相关法律以及从法律层面制定保障国家粮食安全措施提供参考。

1993 年《中华人民共和国农业法》出台，对农业生产经营、农产品流通与加工、农业投入与保护、农民权益保护等方面进行了规定。1998 年中央政府出台了《粮食收购条例》《粮食购销违法行为处罚办法》，2003 年颁布了《中央储备粮条例》，严格中央储备粮管理；2004 年，国务院出台了《粮食流通条例》，用于规范粮食流通市场；2006 年，《中华人民共和国农产品质量安全法》（以下简称《农产品质量安全法》）出台，用于规范农产品生产与经营活动；2009 年，《中华人民共和国食品安全法》出台，对食品安全标准、食品生产经营、特殊食品、食品进出口、食品安全事故处置等方面进行了规定；同时配套的还有《中央储备粮油抽查扦样检验管理办法（试行）》、《粮食收购资格审核管理暂行办法》等 4 项行政规章。另外，国家还制定了一些涉及粮食生产相关问题的法律法规，如《基本农田保护条例》《中华人民共和国农业技术推广法》《中华人民共和国种子法》《中华人民共和国水法》等，共同构成了农业法律制度体系。但是，还缺少一部粮食安全相关的核心法律；虽然广东、贵州等省份出台了地方粮食安全保障条例，但是这些省份并非粮食主产区，条例内容也主要侧重于保障粮食储备、流通等环节。另外，《农产品质量安全法》并不专门侧重粮食生产，自然就缺失粮食生产相关的耕地资源和灌溉用水资源保护的内容，不能满足现阶段我国构建农产品质量安全保障体系的要求。

表 7-10　　　　　　　　农产品质量安全法梳理

政策文件	已解决的问题	未解决的问题
农产品质量安全风险评估	对农产品质量安全风险评估工作做出了明确规定	对农产品安全预警机制的构建及实现不够重视

续表

政策文件	已解决的问题	未解决的问题
农产品质量安全标准	对农产品质量安全标准体系的建立、性质、制定、发布、实施的要求做出了规定	农产品质量安全标准体系实施效果的评估
农产品产地	对农产品禁止生产区域、禁止向农产品产地排放废水等的规定	建立国家统一的向农田排放的污水标准以及监测、处罚标准；城镇建设中统一规划地面和地下设施的同时，与之配套的垃圾、污水处理设施也应该一并规划；另外，农业用水的水质监测与评价是否及时，水质标准是否需要提高，灌溉渠道下游最近取水点的水质是否符合农田灌溉水质标准，也需要明确规定
农产品生产	农产品生产技术要求和操作流程，农产品生产企业和农民专业合作经济组织对农业投入品的合理使用与登记、委托或自行检测等做出明确规定	完善检验机构资质统一认定制度，落实农产品检测费用财政专项拨款；补充专业种粮大户、家庭农场、种粮散户等农业生产者建立农产品检测、农业投入品的使用与登记等
法律实施主体	明确了农产品质量安全监督管理人员及检测机构的职责	定期评估农产品质量安全监督管理人员的能力，加大对其违法行为的处罚力度，明确谁来监督农产品质量安全检测机构，详细规定农产品质量安全法律责任的责任性质、赔偿范围、免责事由等

1986年《中华人民共和国土地管理法》出台，2014年最新修订。该法围绕土地财产制度、土地资源规划、耕地保护、建设用地等方面作了明确规定，但是却没有实施占用耕地补偿制度的绩效评价，也没有验收环节的监督办法，更没有建立占用耕地追责机制，无法充分保障耕地资源数量的动态平衡。另外，划入基本农田保护区的范围有五类，第五类是应当划入基本农田保护区的其他耕地，显然比《基本农田保护条例》中规定的范围要宽泛、灵活；但是，划定范围不统一，不利于后续基本农田保护的管理与监督。

1989年《中华人民共和国环境保护法》出台，2014年修订。

该法以保护和改善环境，防治污染和其他公害，保障公众健康，推进生态文明建设为宗旨，对各级政府、农业生产者等应做、禁做的行为作了明确规定，但是并没有提到建立农业水土资源监测及追责机制，也没有明确规定国家统一的可向农田排放的污水处理标准，农药、化肥等农业投入品的施用范围和剂量等，不利于粮食质量安全保障工作的进行。在明确以上标准的同时，还应建立粮食安全考核制度，为国家粮食安全提供制度保障。

第三节　农业高质量发展提升路径探讨

农业高质量发展所涉及的范围广阔，是一项复杂的系统工程。结合农业高质量发展的理论和实证分析，包括农业经济发展的历史变迁和现实、综合评价和关键性障碍因素的分析，同时借鉴国内外经验，提出促进农业高质量发展的对策建议，以期为未来制定农业高质量发展长期发展战略的制定，推进农业农村现代化发展提供相关参考。本节主要结合农业高质量发展各维度和基础指标障碍度因子诊断的结果提出相应的建议。当前农业高质量发展的主要障碍维度从农业经济共享维度变为了农业经济绿色维度。农业高质量发展的关键性障碍因素是化肥使用强度、农药使用强度、农村居民人均可支配收入、城乡居民消费收入占比和农业全要素生产率。因此，从阻碍农业高质量发展的关键性障碍因素出发，提出对策建议。

一　继续推进高标准农田建设，提高农业全要素生产率

农业全要素生产率分解结果显示，中国农业全要素生产率的增长显著依赖于农业技术进步，可以说改革开放以来中国农业全要素生产率的增长主要来自"创新效应"，而不是中国各个省份和地区农业技术效率改善的结果。也就是说，各地区农业技术效率水平差异较大，农业技术效率改善的"追赶效应"较弱，说明当前农业绿色新技术推广和扩散尚存在不足（李谷成，2014）。可以从以下几个方面进行改进：

一是建立和完善农业科技推广体系。在农业高质量发展的新阶段重点解决小农户与现代农业的衔接难题，通过支持建设公益性、经营性农机推广组织和经营单位，引导产学研和农技推广和转化组织和龙头企业等多元化新型农业经营主体广泛参与，形成一体多元的基层农机推广体系。

二是推进制度创新。制度创新对经济增长的作用主要体现在农业全要素生产率的变动上。农业高质量发展作为一种系统工程，其高质量发展的着眼点必须落实到农业制度的安排上。包括巩固和完善农村基本生产、经营和产业制度，推动当前双层经营体制的创新。通过深化农村土地制度和产权制度变革，为开展多种形式的农业适度规模经营提供制度保障。构建农业社会化服务体系，支持农村新产业、新模式、新业态发展。

三是促进农业绿色发展。农业高质量发展不可忽视的一点是实现农业经济发展与资源节约、环境保护的关系的平衡协调上，农业经济发展应保证最大限度地降低环境负外部性。比如，通过加强农业面源污染治理和生态环境保护，发展绿色农业、生态农业和循环农业等多种形式，推进农业废弃物资源化利用，实施耕地保护性修复等方式，推动农业绿色可持续发展。

二 促进城镇化发展，降低二元经济结构刚性

第四章对城乡二元经济结构的描述性分析显示，改革开放以来，我国二元对比系数均呈现较大波动趋势，二元经济结构呈现"弱化—强化—弱化—强化"的周期性波动趋势，当前城乡二元经济结构刚性存在强化趋势。二元经济结构转化迟滞的根本原因是，工业和农业、城市和农村经济的关联性并未随着经济增长而趋于增强，尤其是，在劳动、资本和土地等要素从农村单向流入城市的背景下，工业反哺农业、城市带动农村的长效机制尚未有效构建起来（高帆，2008）。农业经济结构维度有农业产业结构层次低、农业资本投资比重较大但效率不高、农产品外贸依存度高和城乡二元经济

结构刚性有强化趋势的结构性失衡问题。可以从产业发展机制、技术进步机制、要素流动机制和组织管理机制等角度进行构建。

一是构建产业发展机制。应致力于第一、第二、第三产业融合，促进第三产业即现代化服务业的发展，一方面为农业剩余劳动力流动转移提供就业岗位，另一方面为农业生产效率提高和技术进步提供设备和技术支持，为农产品适度规模化生产和价值链延伸提供市场需求。提高农业劳动生产率，通过产业分工演化和产业链延伸改造当前农业粗放型发展模式。

二是促进城乡间要素充分流动机制的形成。重点从户籍、教育、医疗等社会保障制度入手，降低农村劳动力非农就业和转移的成本，通过产业发展为农民非农化提供渠道。并鼓励农业生产经营组织方式创新，实现专业化、集约化的产业经营。实施刺激农业经营者增强推动技术进步的意愿和能力的政策措施。通过盘活闲置资源、提高资源配置效率、创新资源利用方式打造资源节约型经济形态，为经济增长提供新动能，带动可持续高质量发展；通过提高工资性收入、丰富财产性收入来源、带动更多自发的第三次分配行为提升资源的分配效率。

三　促进农业产业结构优化调整

农业产业结构不断优化调整，但种植业产业产值比重仍占比最大，未来农业产业结构调整升级仍有很大空间。当前农业发展阶段，针对农产品供求结构失衡、要素配置扭曲、资源利用和生态环境压力大等农业供给侧结构性矛盾问题，应以新发展理念为指导，提高农业供给质量、优化资源要素配置，促进农业绿色可持续发展。

一是统筹调整农业种植结构。在保证小麦、水稻等主粮生产安全的基础上，落实粮食最低收购价政策，引导农民安排好种植结构，优化农产品品种品质结构，以市场消费需求变化为导向，通过技术研发和推广、细化农产品加工和应用领域。加快构建粮经饲统筹、农牧结合、种养加一体，三产融合的发展格局。优化经济作物种植结构。当前经济作物种植存在产量大、品质不高等问题,应采取措施优化经济作物品种品质和区域布局,加快育种创新,培育能够满足市场需求的经济作物品种。扩大饲料作物种植面积,构建适宜的粮经饲三元种植结构。

二是发展适度规模高效的养殖业。国外经验表明,农业现代化进程伴随着畜牧业在农林牧渔业中比重的上升,当前我国养殖业存在生产基础薄弱、养殖方式落后、生态环境压力加大等难题。应在测算区域生态环境承载力的基础上,提高养殖业与生态环境的匹配度,重点发展草食畜牧产业当前重点在于稳定生猪生产,完善奶业生产、加工和流通体系,密切乳制品生产经营主体的利益联结机制,提高乳品企业的竞争力。推进稻田养殖综合循环生态农业,发展现代海洋牧场。

三是调整优化农业区域布局。我国地域广阔,各地气候、生态资源环境,区域比较优势不尽相同,应调整优化好农业产业区域布局。根据不同地域的条件,按照科学的评估和相应的标准,对粮食主产区、重要农产品保护区和特色农产品生产优势区进行规划布局。

四 增加农业人力资本积累

农业人力资本是农业经济增长的重要源泉。当前,农村人力资本积累严重不足,已成为农业高质量发展的重要制约因素。首先,应完善农业新型农业经营主体教育培训体系。当前农村地区专业技能教育培训投入长期不足,是农村人力资本水平偏低的一个重要原因。应大力发展开放式、多层次、多元化的农村职业技术教育,通过理论学习和实用技术实践相结合的方式,提高农村劳动者的专业知识水平和实际操作技能。其次,应健全有利于农村人力资本提升的激励机制。健全农村劳动力流动机制,降低农村劳动力流动成本,努力形成城乡统一的劳动就业市场,形成有效的劳动力市场供求机制。在工业化、城镇化加快的发展阶段,应该让广大农民参与工业化、城镇化进程,分享经济社会发展成果,形成不断提高自身素质和竞争能力的意识。最后，通过健全农村社会保障体系，不断提高保障水平，逐步实现城乡居民社会保障一体化。

五　各地区实施差异化发展战略

各省份农业高质量发展水平测评结果显示，四大区域之间和内部，以及省份之间的农业高质量发展存在很大差异，由于受资源条件、历史变迁、产业结构、技术基础等综合影响，制约各地区农业高质量发展水平的因素也有很大的不同。在省级层面农业高质量发展分析及战略重点部分，本书根据不同的农业高质量发展综合指数和维度指数将省级层面农业高质量发展水平分成了三个梯队六个类型，对每种类型的省份农业高质量发展重点提出了差异化的对策建议。

第八章

结论与研究展望

第一节　研究结论

在对农业经济发展相关文献和理论进行回顾和述评的基础上，建立农业高质量发展的理论框架和数理模型，分析农业经济发展的历史变迁和发展现实。构建农业高质量发展综合评价指标体系，选择适当的指标变量对全国和省际间农业高质量发展水平进行评价和时空特征分析。结合耦合协调度模型和障碍度模型寻找农业高质量发展的耦合协调关系和关键制约因素，为未来农业高质量发展的重点和战略方向提供依据。然后，依据农业高质量发展综合指数进行分组，结合理论描述性分析和障碍因子分析结果对不同类别区域农业高质量发展的重点和差异化战略进行说明。对促进农业高质量发展的路径传导机制进行分析并提出政策建议。

第一，从纵向时序角度对我国 1978—2019 年的农业高质量发展水平的综合评价分析发现，1978—2019 年，我国农业高质量发展水平总体呈稳定增长的趋势。农业高质量发展各维度对农业高质量发展具有明显不同的贡献程度，且具有阶段性特征。当前农业高质量发展水平的提升主要依赖于农业经济共享和农业经济创新维度指数的平稳上升，农业经济协调和开放维度的贡献总体变动幅度较小，农业经济绿色维度贡献度呈下行态势。根据省份农业高质量发展综合评价结果显示，四大区域之间和内部，以及各省份之间农业高质量发展指数和细分维度指数均值存在较大差异，每个省份的优势和"短板"不尽相同，针对不同类型省份农业高质量发展提出了有针对性的农业高质量发展战略。

第二，耦合协调度测度结果显示，1978—2019 年农业高质量发展各维度呈现"低水平耦合—虚假耦合—协同耦合"的耦合发展趋势。在区域分布上，东部地区和中部地区农业高质量发展处于虚假耦合状态，西部和东北地区处于低水平耦合状态。

第三，障碍度因子诊断结果显示，当前农业高质量发展的主要障碍维度从农业经济共享维度变为了农业经济绿色维度，应分析影响农业绿色发展变化的各项基础因素，促使农业绿色可持续发展，进而促进农业高质量发展。各维度的基础指标对农业高质量发展障碍度的分析结果显示，不同时间段和不同区域农业高质量发展的关键性障碍因素有所变化。当前农业高质量发展的关键性障碍因素是农村居民可支配收入、节水灌溉占比、农村人力资本积累和农业机械化水平。针对不同分组，本书对于不同类型省份农业高质量发展提出了有针对性的农业高质量发展战略。

第二节 研究展望

理论层面，基于农业经济发展阶段理论和动力机制转换等相关理论的总结，以及农业高质量发展理论框架的分析，认为农业高质量发展的本质是资源环境约束下的农业经济发展净收益最大化的问题。仅从农业高质量发展综合指数测算和障碍因子分析展开研究。有部分学者从马克思的劳动价值论和分工理论等视角切入农业经济高质量发展的研究，以进一步丰富理论研究内容。

实证研究方面，因存在数据缺失等客观限制，农业高质量发展综合评价指标体系部分变量选取存在不足之处，未来可进一步优化。另外，农业高质量发展本身是一个多维度复杂系统，在障碍度因子诊断中寻找到的关键性障碍因素可从细分领域开展进一步的研究，如进一步对关键障碍因素的作用机理、有效改善路径的设计和应用上进行研究。

参考文献

一 著作

胡锦涛:《中共中央关于加强党的执政能力建设的决定》,人民出版社 2004 年版。

江泽民:《全面建设小康社会,开创中国特色社会主义事业新局面》,《江泽民文选》(第 3 卷),人民出版社 2006 年版。

习近平:《论把握新发展阶段、贯彻新发展理念、构建新发展格局》,中央文献出版社 2021 年版。

[美] D. 盖尔·约翰逊:《经济发展中的农业、农村、农民问题》,林毅夫、赵耀辉译,商务印书馆 2004 年版。

[英] 阿尔弗雷德·马歇尔:《经济学原理》,朱志泰、陈良璧译,商务印书馆 2009 年版。

[美] 艾伯特·赫希曼:《经济发展战略》,曹征海、潘照东译,经济科学出版社 1991 年版。

[德] 弗里德里希·恩格斯、卡尔·马克思:《马克思恩格斯选集》(第 1 卷),中共中央马克思恩格斯列宁斯大林著作编译局编译,人民出版社 1972 年版。

何盛明:《财经大辞典》,中国财政经济出版社 1990 年版。

[苏] 卡马耶夫:《经济增长的速度和质量》,陈华山译,湖北人民出版社 1983 年版。

[英] 李嘉图:《政治经济学及税赋原理》,周洁译,华夏出版社 2005 年版。

刘燕妮:《中国农业发展方式转变研究》,中国经济出版社 2013

年版。

[美]鲁迪格·多恩布什、斯坦利·费希尔：《宏观经济学》，张帆等译，中国人民大学出版社 1997 年版。

[美]罗伯特·J. 巴罗：《经济增长的决定因素》，李剑译，中国人民大学出版社 2004 年版。

[美]罗斯托：《经济成长的阶段——非共产党宣言》，商务印书馆 1962 年版。

[英]穆勒：《政治经济学原理》，金镝、金熠译，华夏出版社 2009 年版。

潘丹：《基于资源环境约束的中国农业绿色生产率研究》，中国环境出版社 2013 年版。

任保平：《经济增长质量的逻辑》（修订本），人民出版社 2018 年版。

[日]速水祐次郎、神门善久：《农业经济论》，沈金虎等译，中国农业出版社 2003 年版。

唐华俊：《农业区域发展学导论》，科学出版社 2008 年版。

[印]维诺德·托马斯等：《增长的质量》，张绘等译，中国财政经济出版社 2001 年版。

[美]西蒙·库茨涅兹：《现代经济增长》，戴睿、易诚译，北京经济学院出版社 1989 年版。

原毅军、董琨：《产业结构的变动与优化：理论解释和定量分析》，大连理工大学出版社 2008 年版。

郑晶：《中国农业增长及其效率评价——基于要素配置视角的实证研究》，中国经济出版社 2009 年版。

中共中央党史和文献研究院：《习近平关于"三农"工作论述摘编》，中央文献出版社 2021 年版。

中共中央党史和文献研究院：《习近平关于社会主义生态文明建设论述摘编》，中央文献出版社 2017 年版。

中国国际经济交流中心、美国哥伦比亚大学地球研究院、阿里研究院：《可持续发展蓝皮书：中国可持续发展评价报告（2018年）》，社会科学文献出版社 2018 年版。

中国农业百科全书编辑部：《中国农业百科全书：农业经济卷》，中国农业出版社 1991 年版。

二　论文

习近平：《在黄河流域生态保护和高质量发展座谈会上的讲话》，《求是》2019 年第 20 期。

习近平：《推动形成优势互补高质量发展的区域经济布局》，《求是》2019 年第 24 期。

习近平：《全党必须完整、准确、全面贯彻新发展理念》，《求是》2022 年第 16 期。

蔡昉、王美艳：《从穷人经济到规模经济——发展阶段变化对中国农业提出的挑战》，《经济研究》2016 年第 5 期。

曹淑华等：《国外粮食安全保障机制及其对我国的启示》，《安徽农业科学》2013 年第 36 期。

陈吉元、李成贵：《中国农业：新的发展思路和政策体系——评〈中国农业发展新阶段〉一书》，《中国农村经济》2001 年第 2 期。

陈凯：《中国服务业增长质量的评价指标构建与测度》，《财经科学》2014 年第 7 期。

陈梦根：《恩格尔系数与居民收入——扩展 Working-Leser 模型研究》，《中国人口科学》2019 年第 4 期。

陈仁兴：《需要为本：托底性社会政策体系构建的价值定位与路径选择》，《学习与实践》2021 年第 1 期。

陈向武：《科技进步贡献率与全要素生产率：测算方法与统计现状辨析》，《西南民族大学学报》（人文社会科学版）2019 年第 7 期。

程承坪：《高质量发展的根本要求如何落实》，《国家治理》2018 年第 5 期。

仇娟东、何风隽：《中国城乡二元经济与二元金融相互关系的实证分析》，《财贸研究》2012年第4期。

崔奇峰等：《我国现代农业建设的制约因素、探索与启示》，《安徽农业科学》2012年第11期。

邓楚雄等：《上海都市农业生态安全定量综合评价》，《地理研究》2011年第4期。

邓伟：《山区资源环境承载力研究现状与关键问题》，《地理研究》2010年第6期。

刁秀华、郭连成：《中国、俄罗斯粮食安全问题分析》，《东北亚论坛》2016年第3期。

丁声俊：《站在新时代高度认识农业粮食高质量发展》，《价格理论与实践》2018年第1期。

董红敏等：《中国农业源温室气体排放与减排技术对策》，《农业工程学报》2008年第10期。

杜锦锦、金晶瑜：《国内外关于"转变经济发展方式"的理论研究》，《政策瞭望》2008年第7期。

段华平、张悦、赵建波、卞新民：《中国农田生态系统的碳足迹分析》，《水土保持学报》2011年第5期。

范巧、郭爱君：《一种嵌入空间计量分析的全要素生产率核算改进方法》，《数量经济技术经济研究》2019年第8期。

方晓红：《加快推进我国现代农业高质量发展探析》，《农村经济与科技》2018年第21期。

封志明等：《百年来的资源环境承载力研究：从理论到实践》，《资源科学》2017年第3期。

冯晓龙等：《农户气候变化适应性决策对农业产出的影响效应——以陕西苹果种植户为例》，《中国农村经济》2017年第3期。

干春晖等：《中国产业结构变迁对经济增长和波动的影响》，《经济研究》2011年第5期。

高帆：《论消减城乡二元经济结构的长效机制》，《江海学刊》

2008 年第 4 期。

高帆：《中国各省区二元经济结构转化的同步性：一个实证研究——兼论地区经济结构转变与经济增长差距的关联性》，《管理世界》2007 年第 9 期。

葛鹏飞等：《中国农业绿色全要素生产率测算》，《中国人口·资源与环境》2018 年第 5 期。

龚斌磊、王硕：《财政支出对我国农业增长的多途径影响》，《农业经济问题》2021 年第 1 期。

谷洪波、吴闯：《我国中部六省农业高质量发展评价研究》，《云南农业大学学报》（社会科学版）2019 年第 6 期。

郭剑雄：《从马尔萨斯陷阱到内生增长：工业化与农业发展关系再认识》，《中国人民大学学报》2014 年第 6 期。

郭克莎：《中国经济发展进入新常态的理论根据——中国特色社会主义政治经济学的分析视角》，《经济研究》2016 年第 9 期。

郭庆旺、贾俊雪：《中国全要素生产率的估算：1979—2004》，《经济研究》2005 年第 6 期。

韩长赋：《大力推进质量兴农绿色兴农加快实现农业高质量发展》，《甘肃农业》2018 年第 5 期。

郝庆等：《国土空间规划中的承载力反思：概念、理论与实践》，《自然资源学报》2019 年第 10 期。

郝庆等：《自然资源治理的若干新问题与研究新趋势》，《经济地理》2019 年第 6 期。

何爱：《诱致性技术、制度创新与战后菲律宾农业发展》，博士学位论文，厦门大学，2009 年。

何爱、曾楚宏：《诱致性技术创新：文献综述及其引申》，《改革》2010 年第 6 期。

何红光等：《中国农业经济增长质量的时空差异研究》，《经济学家》2017 年第 7 期。

何立峰：《大力推动高质量发展积极建设现代化经济体系》，

《宏观经济管理》2018 年第 7 期。

贺正楚、文希：《新兴生态工业园区主导产业的选择》，《求索》2010 年第 10 期。

侯胜鹏：《中部地区现代农业的发展模式及运行机理研究》，博士学位论文，湖南农业大学，2013 年。

胡鞍钢等：《高质量发展：历史、逻辑与战略布局》，《行政管理改革》2019 年第 1 期。

黄少安：《关于制度变迁的三个假说及其验证》，《中国社会科学》2000 年第 4 期。

简佩茹：《社会资本要素促进企业高质量发展探讨》，《学习与实践》2019 年第 3 期。

姜鑫：《诱致性农业技术创新模型及中国农业技术变革的实证研究》，《财经论丛》2007 年第 3 期。

焦勇、杨蕙馨：《政府干预、产业结构扭曲与全要素生产率提升》，《财贸研究》2019 年第 10 期。

李宝玉：《环渤海现代农业发展现状、思路与模式研究》，《农业现代化研究》2010 年第 1 期。

李登旺等：《欧美农业补贴政策改革的新动态及其对我国的启示》，《中国软科学》2015 年第 8 期。

李谷成：《提升农业全要素生产率》，《中国社会科学报》2019 年 3 月 6 日第 4 版。

李谷成：《中国农业的绿色生产率革命：1978—2008 年》，《经济学（季刊）》2014 年第 2 期。

李谷成：《转型期中国农业生产率增长的分解、变迁与分布》，《中国人口·资源与环境》2009 年第 2 期。

李慧：《发展视角下的经济增长质量研究：内涵、测度及影响因素分析》，博士学位论文，武汉大学，2015 年。

李金昌等：《高质量发展评价指标体系探讨》，《统计研究》2019 年第 1 期。

李俊松、李俊高：《美日欧农业补贴制度历史嬗变与经验鉴镜——基于速水佑次郎"农业发展三阶段论"》，《农村经济》2020年第4期。

李丽纯：《后现代农业视角下的中国农业现代化效益水平测评》，《农业经济问题》2013年第12期。

李丽纯：《基于灰色优势分析的中国农业现代化水平测度与波动趋势分析》，《经济地理》2013年第8期。

李培峰：《新时代文化产业高质量发展：内涵、动力、效用和路径研究》，《重庆社会科学》2019年第12期。

李胜利等：《反刍动物生产与碳减排措施》，《动物营养学报》2010年第1期。

李小胜等：《"十二五"时期中国碳排放全要素生产率及其影响因素研究》，《南开经济研究》2018年第5期。

李应中：《中国和主要发达国家农产品国际贸易依存度比较》，《世界农业》2003年第1期。

李迎春等：《农业温室气体清单方法研究最新进展》，《地球科学进展》2007年第10期。

李永友：《经济发展质量的实证研究：江苏的经验——基于经济发展质量指标体系的分析》，《财贸经济》2008年第8期。

李月、邓露：《有效经济增长与中国经济发展阶段再判断——从日本与我国台湾地区的经验谈起》，《南开经济研究》2011年第2期。

李竹、王龙昌：《陕西省农业可持续发展能力主成分分析》，《干旱地区农业研究》2007年第2期。

梁国超：《教育投资在经济增长中的作用机制研究》，博士学位论文，吉林大学，2008年。

林毅夫：《西方农业发展基本理论述评》，《农业经济问题》1988年第11期。

刘奇、王飞：《论统筹城乡经济社会发展》，《中国农村经济》

2003 年第 9 期。

刘尚希、樊轶侠：《论高质量发展与税收制度的适应性改革》，《税务研究》2019 年第 5 期。

刘婷婷：《R&D 投入、创新机制与经济增长——新技术指标体系下的理论分析与实证检验》，《南开经济研究》2017 年第 3 期。

刘惟蓝：《以高质量发展的指标体系引领开发区建设》，《新华日报》2018 年 4 月 25 日第 13 版。

刘伟、张辉：《中国经济增长中的产业结构变迁和技术进步》，《经济研究》2008 年第 11 期。

刘喜波等：《现代农业发展的理论体系综述》，《生态经济》2011 年第 8 期。

刘燕妮等：《中国农业发展方式的评价》，《经济理论与经济管理》2012 年第 3 期。

刘迎秋：《四大对策应对高质量发展四大挑战》，《中华工商时报》2018 年 1 月 13 日第 1 版。

刘媛媛等：《石油、天然气能源产业集聚与区域产业结构优化——以新疆为例的研究》，《经济管理》2013 年第 2 期。

刘志彪：《进入高质量发展阶段江苏的制度创新与富民问题》，《现代经济探讨》2018 年第 9 期。

刘志刚：《人力资本配置与区域经济增长研究》，博士学位论文，河北大学，2008 年。

柳百萍：《安徽省现代农业发展模式研究》，《农业经济问题》2011 年第 10 期。

鲁春阳等：《基于改进 TOPSIS 法的城市土地利用绩效评价及障碍因子诊断——以重庆市为例》，《资源科学》2011 年第 3 期。

吕守军、代政：《新时代高质量发展的理论意蕴及实现路径》，《经济纵横》2019 年第 3 期。

吕一河等：《区域资源环境综合承载力研究进展与展望》，《地理科学进展》2018 年第 1 期。

马晓:《构建我国粮食安全法律保障体系》,《宏观经济管理》2012年第5期。

孟祥海等:《中国畜牧业全生命周期温室气体排放时空特征分析》,《中国环境科学》2014年第8期。

穆中杰:《关于出台粮食法若干问题的研究》,《中国粮食经济》2014年第10期。

穆中杰:《美国粮食法体系的历史演进及其启示》,《河南师范大学学报》(哲学社会科学版)2014年第4期。

潘建成:《产业融合是实现农业高质量发展的关键》,《经济日报》2018年8月16日第8版。

彭慧蓉、钟涨宝:《建国六十年我国农业补贴政策演变轨迹及逻辑转换》,《经济问题探索》2010年第11期。

齐城:《中国农业评价指标体系设置及应用研究》,《农业经济问题》2009年第3期。

全炯振:《中国农业全要素生产率增长的实证分析:1978—2007年——基于随机前沿分析(SFA)方法》,《中国农村经济》2009年第9期。

任保平:《低成本经济发展的制度阐释》,博士学位论文,西北大学,2002年。

任保平:《经济发展成本、经济主体行为与制度安排——可持续发展理论的一种新的经济学解释框架》,《陕西师范大学学报》(哲学社会科学版)2007年第1期。

任保平:《经济增长质量:经济增长理论框架的扩展》,《经济学动态》2013年第11期。

任保平、李禹墨:《新时代我国经济从高速增长转向高质量发展的动力转换》,《经济与管理评论》2019年第1期。

任保平、文丰安:《新时代中国高质量发展的判断标准、决定因素与实现途径》,《改革》2018年第4期。

施本植、汤海滨:《什么样的杠杆率有利于企业高质量发展》,

《财经科学》2019 年第 7 期。

宋国恺：《新时代高质量发展的社会学研究》，《中国特色社会主义研究》2018 年第 5 期。

宋明顺、张霞、易荣华、朱婷婷：《经济发展质量评价体系研究及应用》，《经济学家》2015 年第 2 期。

苏荟：《新疆农业高效节水灌溉技术选择研究》，博士学位论文，石河子大学，2013 年。

孙一平、周向：《异质性人力资本对中国农业经济增长的影响研究——基于省际面板数据》，《农业技术经济》2015 年第 4 期。

田秋生：《高质量发展的理论内涵和实践要求》，《山东大学学报》（哲学社会科学版）2018 年第 6 期。

田伟等：《碳视角下中国农业环境效率的测算与分析——基于非期望产出的 SBM 模型》，《中国农村观察》2014 年第 5 期。

田云、张俊飚：《中国农业生产净碳效应分异研究》，《自然资源学报》2013 年第 8 期。

田云等：《中国农业碳排放研究：测算、时空比较及脱钩效应》，《资源科学》2012 年第 11 期。

佟光霁等：《粮食主产区县域农业现代化水平评价研究——以黑龙江省为研究样本》，《学习与探索》2016 年第 3 期。

王宝义：《中国农业生态化发展的评价分析与对策选择》，博士学位论文，山东农业大学，2018 年。

王宝义：《中国农业生态化发展的综合评价与系统诊断》，《财经科学》2018 年第 8 期。

王琨、闫伟：《从贫困到富裕的跨越——经济发展阶段理论的研究进展》，《当代经济管理》2017 年第 12 期。

王立志：《基于高质量发展的质量治理博弈研究》，《当代经济管理》2019 年第 9 期。

王颂吉、白永秀：《城乡要素错配与中国二元经济结构转化滞后：理论与实证研究》，《中国工业经济》2013 年第 7 期。

王薇：《中国经济增长数量、质量和效益的耦合研究》，博士学位论文，西北大学，2016 年。

王学君、周沁楠：《日本粮食安全保障策略的演进及启示》，《现代日本经济》2018 年第 4 期。

王艳芳：《基于人力资本视角的我国三次产业 TFP 再测算》，《统计与决策》2019 年第 24 期。

王一鸣：《大力推动我国经济高质量发展》，《人民论坛》2018 年第 9 期。

王蕴等：《经济高质量发展的国际比较》，《宏观经济管理》2019 年第 5 期。

王志刚等：《地区间生产效率与全要素生产率增长率分解（1978—2003）》，《中国社会科学》2006 年第 2 期。

魏玉君、叶中华：《美国粮食安全保障政策变迁：启示与借鉴》，《世界农业》2019 年第 3 期。

文兼武、余芳东：《经济增长质量的中外比较》，《统计研究》1998 年第 5 期。

吴金明：《"二维五元"价值分析模型——关于支撑我国高质量发展的基本理论研究》，《湖南社会科学》2018 年第 3 期。

吴丽丽：《劳动力成本上升对我国农业生产的影响研究》，博士学位论文，华中农业大学，2016 年。

吴丽丽等：《要素禀赋变化与中国农业增长路径选择》，《中国人口·资源与环境》2015 年第 8 期。

吴贤荣等：《中国省域农业碳排放：测算、效率变动及影响因素研究——基于 DEA-Malmquist 指数分解方法与 Tobit 模型运用》，《资源科学》2014 年第 1 期。

伍芬琳等：《保护性耕作对农田生态系统净碳释放量的影响》，《生态学杂志》2007 年第 12 期。

习近平：《在省部级主要领导干部学习贯彻党的十八届物种全会精神专题研讨班上的讲话》，《人民日报》2016 年 5 月 10 日第

2 版。

夏四友等：《榆林市农业现代化发展水平与效率的时空演变》，《经济地理》2017 年第 10 期。

向敬伟、李江风：《贫困山区耕地利用转型对农业经济增长质量的影响》，《中国人口·资源与环境》2018 年第 1 期。

肖红叶、李腊生：《我国经济增长质量的实证分析》，《统计研究》1998 年第 4 期。

谢良：《创新型人力资本对经济增长的影响研究》，博士学位论文，中南大学，2008 年。

辛岭、安晓宁：《我国农业高质量发展评价体系构建与测度分析》，《经济纵横》2019 年第 5 期。

徐丽婷等：《高质量发展下的生态城市评价——以长江三角洲城市群为例》，《地理科学》2019 年第 8 期。

徐鹏杰、杨萍：《扩大开放、全要素生产率与高质量发展》，《经济体制改革》2019 年第 1 期。

徐宜可：《"一带一路"沿线国家粮食安全问题的法律保障比较》，《世界农业》2018 年第 12 期。

徐振伟、徐金莲：《在对外开放与国内保护之间：韩国粮食安全的挑战与选择》，《太平洋学报》2013 年第 11 期。

许新华：《企业诱致性技术创新：原理与实现途径》，《企业经济》2012 年第 3 期。

薛薇、杨孝良：《我国农业资本配置效率的影响因素研究》，《农村经济》2014 年第 1 期。

薛维君：《横向经济联合要符合系统性原则》，《经济理论与经济管理》1987 年第 1 期。

晏莹、龙方：《美日韩粮食安全保障资源国际配置的经验》，《世界农业》2015 年第 5 期。

杨伟民：《贯彻中央经济工作会议精神推动高质量发展》，《宏观经济管理》2018 年第 2 期。

杨宜勇：《习近平经济思想开启中国经济新篇章》，《人民论坛》2017 年 12 月 5 日第 1 版。

杨宇：《劳动力转移对农户采用劳动节约技术行为的诱导效应及实现条件研究》，博士学位论文，西南大学，2012 年。

叶湉等：《我国城乡收入差距影响因素的计量分析及对策》，《当代经济》2013 年第 9 期。

殷醒民：《高质量发展指标体系的五个维度》，《文汇报》2018 年 2 月 16 日第 12 版。

尹成杰：《关于农村全面建成小康社会的几点思考》，《农业经济问题》2019 年第 10 期。

于婷、于法稳：《基于熵权 TOPSIS 法的农业高质量发展评价及障碍因子诊断》，《云南社会科学》2021 年第 5 期。

余泳泽：《异质性视角下中国省际全要素生产率再估算：1978—2012》，《经济学（季刊）》2017 年第 3 期。

余泳泽、胡山：《中国经济高质量发展的现实困境与基本路径：文献综述》，《宏观质量研究》2018 年第 4 期。

张春玲、刘秋玲：《乡村振兴战略背景下农业高质量发展评价及路径研究》，《经济论坛》2019 年第 4 期。

张纯记：《中国区域经济增长趋同中的二元经济结构因素分析》，《当代经济》2010 年第 7 期。

张凤太等：《岩溶脆弱生态区农业可持续发展模式创新构想——岩溶流水养鱼生态沟驱动模式》，《热带地理》2012 年第 2 期。

张广裕：《西北民族地区生态化现代农业发展研究》，《当代经济管理》2014 年第 11 期。

张和东等：《福建省农业经济增长区域差异变化分析》，《亚热带资源与环境学报》2011 年第 3 期。

张红：《长江经济带经济发展质量测度研究》，博士学位论文，中国地质大学，2015 年。

张楠楠：《河北省环京津地区现代农业发展研究》，博士学位论文，河北农业大学，2018 年。

张锐、刘友兆：《我国耕地生态安全评价及障碍因子诊断》，《长江流域资源与环境》2013 年第 7 期。

张勇：《从农业补贴视角浅析拉美粮食安全与农业改革》，《拉丁美洲研究》2011 年第 3 期。

章波、黄贤金：《循环经济发展指标体系研究及实证评价》，《中国人口·资源与环境》2005 年第 3 期。

赵昌文：《推动我国经济实现高质量发展》，《学习时报》2017 年 12 月 25 日第 1 版。

赵其国、钱海燕：《低碳经济与农业发展思考》，《生态环境学报》2009 年第 5 期。

钟钰：《向高质量发展阶段迈进的农业发展导向》，《中州学刊》2018 年第 5 期。

周凤秀、温湖炜：《绿色产业集聚与城市工业部门高质量发展——来自国家生态工业示范园政策的准自然实验》，《产经评论》2019 年第 1 期。

周晓艳、韩朝华：《中国各地区生产效率与全要素生产率增长率分解（1990—2006）》，《南开经济研究》2009 年第 5 期。

周月书、王悦雯：《二元经济结构转换与城乡资本配置效率关系实证分析》，《中国农村经济》2015 年第 3 期。

周振华：《经济高质量发展的新型结构》，《上海经济研究》2018 年第 9 期。

朱满德、邢怀浩：《中国农业问题的发展、演变与转型：基于"农业发展三阶段论"视角》，《世界农业》2018 年第 2 期。

三　外文资料

Adnan, N., Nordin, S. M., "A State-of-the-art Review on Facilitating Sustainable Agriculture through Green Fertilizer Technology Adoption: Assessing Farmers Behavior", *Trends in Food Science and Technology*, Vol. 86, 2019.

Aigner, D. et al. , "Formulation and Estimation of Stochastic Frontier Production Function Models", *Journal of Econmetics*, Vol. 1, 1977.

Arrow, K. J. , "The Economic Implication of Learning by Doing", *The Review of Economic Studies*, Vol. 29, 1962.

Banasik, A. , Kanellopoulos, A. , "Closing Loops in Agricultural Supply Chains Using Multi-objective Optimization: A Case Study of an Industrial Mushroom Supply Chain", *International Journal of Production Economics*, Vol. 183, 2017.

Bechdol, E. et al. , "Forces Affecting Change in Crop Production Agriculture", *Choices: The Magazine of Food*, Vol. 25, 2010.

Bolcárová, P. and Kolota, S. , "Assessment of Sustainable Development in the EU 27 Using Aggregated SD Index", *Ecological Indicators*, Vol. 48, 2015.

Burton, I. , "World Commission on Environment and Development, Our Common Future", *Environment: Science and Policy for Sustainable Development*, Vol. 29 (5), 1987.

Caves, D. W. et al. , "The Economic Theory of Index Numbers and the Measurement of Input, Output, and Productivity", *Econometrica: Journal of the Economietric Society*, 1982.

Chambers, R. et al. , "Rroductivity Growth in APEC Country", *Pacific Econonmic Review*, Vol. 1 (3), 1996.

Chang, T. et al. , "The Sources of Bank Productivity Growth in China During 2002-2009: A Disaggregation View", *Journal of Banking & Finance*, Vol. 36 (7), 2012.

Charnes, A. et al. , "Measuring the Efficiency of Decision Making Units", *European Journal of Operational Research*, Vol. 6, 1978.

Chertow, M. R. , "Industrial Symbiosis: Literature and Taxonomy", *Annual Review of Energy & the Environment*, Vol. 25 (1), 2000.

Coelli, T. J. Z. , Rao, D. S. , "Total Factor Productivity Growth in

Agriculture: A Malmquist Index Analysis of 93 Countries, 1980-2000", *Agricultural Economics*, Vol. 32 (s1), 2005.

Farrell, M. J., "The Measurement of Productive Efficiency", *Journal of the Royal Statistical Society*, Vol. 3, 1957.

Flanigan, S., "Buying Access to Social Capital? From Collaboration to Service Provision in an Agricultural Co-operative", *Sociologia Ruralis*, Vol. 56 (4), 2016.

Fleisher, B. M., Liu, Y., "Economies of Scale, Plot Size, Human Capital, and Productivity in Israel Agriculture", *Quarterly Review of Economics and Finance*, Vol. 2 (32), 2002.

Friedberger, M., "American Agriculture in the Teentieth Century", *The Annals of Iowa*, Vol. 3, 2003.

Gollin, D., Probst, L. T., "Food and Agricultural: Shifting Landscapes for Policy", *Oxford Review of Economic Policy*, Vol. 31 (1), 2015.

Griliches, Z., "Hybrid Corn: An Explanation in the Economics of Technological Change", *Econometric*, Vol. 25 (4), 1957.

Hansen, G. D., "Prescott, E. C. Malthus to Solow", *American Economic Review*, Vol. 92 (4), 2002.

Hassan, Z. A. et al., "An Intertemporal Comparison of Price and Income Elasticities for Food", *Canadian Journal of Agricultural of Economics*, Vol. 25 (2), 1997.

Hazell, P., "Transformations in Agriculture and Their Implications for Rural Development", *The Electronic Journal of Agricultural and Development Economics*, Vol. 4 (1), 2007.

Hulten, C. R., "Total Factor Productivity: A Short Biography", *Social Science Electronic Publishing*, Vol. 3, 2000.

IPCC, *IPCC Fourth Assessment Report: Climate Change* 2007, UK: Cambridge University Press, 2008.

Johnson, D. G. , "Role of Agriculture in Economic Development Revisited", *Agricultural Economics*, Vol. 8, 1993.

Ko, S. C. , *Eco – Industrial Park (EIP) Initiatives Toward Green Growth: Lessons from Korean Experience*, London: Technopolis, Springer, 2014.

Kolackova, G. and Krejci, I. , "Dynamics of the Small Farmers' Behaviour – Scenario Simulations", *Agricultural Economics – Zemedelska Ekonomika*, 63 (3), 2017.

Kravis, I. B. et al. , "The Share of Services in Economic Growth", in: Adams, F. G. , Hickman, B. G. (eds.), *Global Econometrics: Essays in Honor of Lawrence R*, Klein Cambridge, M A: MIT Press, 1983.

Kumar, S. , Russel, R. R. , "Technological Change Technological Catch-up, and Capital Deepening: Relative Contributions to Growth and Convergence", *American Economic Review*, Vol. 92 (3), 2002.

Liao, C. and Brown, D. G. , "Assessments of Synergistic Outcomes from Sustainable Intensification of Agriculture Need to Include Smallholder Livelihoods with Food Production and Ecosystem Services", *Current Opinion in Environmental Sustainability*, Vol. 32, 2018.

List, F. , *The National System of Political Economy*, Trans. Lloyd, London: Longmans, Green, and Co. , 1909.

Lucas, R. E. , *Lectures on Economic Growth*, Cambridge: Harvard University Press, 2002.

MacDonald, J. M. , Mcbride, M. D. , *The Transformation of U. S. Livestock Agriculture: Scale, Efficiency, and Risks*, USDA Electronic Informaion Bulletin, 2009.

Maddison, A. , "Growth and Slowdown in Advanced Capitalist Economics: Techniques of Quantitative Assessment", *Jouenal of Economic Literature*, Vol. 2, 1987.

Mergenthaler, M. et al. , "Consumer Valuation of Food Quality and

Food Safety Attributes in Vietnam", *Review of Agricultural Economics*, Vol. 31 (2), 2009.

Moses, A., "Resource and Output Trends in the United States since 1870 Resource and Output Trends in the United States Since 1870", *The American Economic Review*, Vol. 46 (2), 1956.

O'Donnel, C. J., "Measuring and Decomposing Agricultural Productivity and Profitability Change", *Australian Journal of Agricultural and Resource Economics*, Vol. 54, 2010.

OECD, *Towards Green Growth: Monitoring Progress OECD Indicators*, OECD Publishing, 2011.

Paul, M. R., "Increasing Returns and Long-Run Growth", *The Journal of Political Economy*, Vol. 94 (5), 1986.

Robert, D. et al., *The 2017 State New Economy Index*, Social Science Electronic Publishing, 2017.

Robert, E. L., "On the Mechanics of Economic Development", *Journal of Monetary Economics*, Vol. 22, 1988.

Rostow, W. W., *The Stages of Economic Growth*, Cambridge: Cambridge University Press, 1991.

Rostow, W. W., *Theorists of Economic Growth from David Hume to the Present*, Oxford: Oxford University Press, 1993.

Samuel, B. and Philip, C., "Coordinating the Supply Chain in the Agricultural Seed Industry", *European Journal of Operational Research*, Vol. 185 (1), 2008.

Schmookler, J., *Invention and Economic Growth*, Cambridge: Harvard University Press, 1966.

Schultz, T. W., *The Economic Organization of Agriculture*, McGraw-Hill, 1953.

Sonntag, W. I., Kiehas, M. T., "Consumer Evaluation of Intra-sustainable Trade-offs in Pig Production—A Mixed-method Approach to Analyze Different Consumer Segments", *Livestock Science*, Vol. 224, 2019.

Statistics, N., *Green Growth in the Netherlands* 2015, Statistics Netherlands, 2015.

Tosmer, "Agricultural Development in United States and Modernization of Agriculture in China", *Review of China Agricultural Science and Technology*, Vol. 3, 2009.

Tummalapalli, T. et al., "Information System for Sustainable Land use Planning", *Nature Environment and Pollution Technology*, Vol. 4, 2011.

Uzawa, H., "Optimum Technical Change in an Aggregative Model of Economic Growth", *International Economic Review*, Vol. 6 (1), 1965.

Waldron, S. et al., "A Critique of High-value Supply Chains as a Means of Modernizing Agriculture in China: The Case of the Beef Industry", *Food Policy*, Vol. 5, 2010.

Young, A., "The Razor's Edge Distortions and Incremental Reform in the People's Republic of China", *The Quarterly Journal of Economics*, Vol. 115 (4), 2000.